新时代北方甘薯高质量发展对策

辛国胜　刘民晓　王建玲　主编

中国农业出版社

北　京

图书在版编目（CIP）数据

新时代北方甘薯高质量发展对策 / 辛国胜，刘民晓，王建玲主编 . —北京：中国农业出版社，2022.10
ISBN 978-7-109-30182-5

Ⅰ.①新… Ⅱ.①辛… ②刘… ③王… Ⅲ.①北方地区—甘薯—产业发展—研究 Ⅳ.①F326.11

中国版本图书馆 CIP 数据核字（2022）第 198111 号

XINSHIDAI BEIFANG GANSHU GAOZHILIANG FAZHAN DUICE

中国农业出版社出版
地址：北京市朝阳区麦子店街 18 号楼
邮编：100125
责任编辑：卫晋津　吴丽婷
版式设计：文翰苑　责任校对：刘丽香
印刷：中农印务有限公司
版次：2022 年 10 月第 1 版
印次：2022 年 10 月北京第 1 次印刷
发行：新华书店北京发行所
开本：880mm×1230mm　1/32
印张：5　插页：2
字数：150 千字
定价：58.00 元

项目资金支持：

本专著的相关研究工作得到"国家甘薯产业技术体系（CARS－10）""山东省良种工程（2020LZGC004）"等项目资助。

编委会人员名单

甘薯起源于南美，在我国已有 400 多年的栽培历史。我国是世界上最大的甘薯生产国，种植面积和总产量在全球均居首位。甘薯广泛的适应性和耐旱特性，为解决我国自然灾害和人口增长带来的粮食供应不足问题做出了重要贡献。随着人民生活水平的不断提高，甘薯生产逐步从传统的粮饲兼用型走向综合加工利用及商品化方向。特别是进入 21 世纪以来，党中央提出要坚持质量兴农、绿色兴农、品牌强农，全面推进实施乡村振兴战略，对于保障国家粮食安全、发展农村经济和提高人民健康水平有着重要的意义。甘薯产业的形势已经发生了巨大的变化，甘薯作为国际上推崇的重要保健食物日益得到人们的关注和重视，甘薯已由曾经单纯的粮食作物转变为多种用途的经济作物。

北方是我国重要的优质甘薯主产区。烟台市农业科学研究院甘薯育种工作开展 60 多年来，取得丰硕成果，先后选育出通过国家、省品种审定委员会审（认、鉴）定和登记的品种 30 多个，创新出一批甘薯栽培新技术、专利和成果，极大地促进了山东省甘薯生产和甘薯产业的持续健康发展。近年来，优质食用型品种烟薯 25 的成功选育和推广，在全国掀起了食用甘薯的产业革命，对中国甘薯产业发展起到了积极的推动作用，鲜食和加工甘薯品种面积得到大范围提升，甘薯种植面积由多年稳定的 350 万 hm^2 突破性增长到如今的 400 万 hm^2，薯农的收益也有了显著增加，并带动相关一二三产业同步发展。

新形势下有着新的挑战，劳动力成本不断上涨、消费者对甘薯质量要求逐步提高、栽培和贮藏技术要不断满足市场需求、公众对食品安全重视程度提升等，使甘薯传统的一家一户分散种植、常规育苗、人工栽插、滥施化肥的种植方式受到了极大的挑战。新形势下如何实现甘薯"农业技术集成化、劳动过程机械化、生产经营信息化、安全环保法制化"，提高甘薯的市场竞争力，助力甘薯产业的高质量发展，增加薯农的经济效益，成为我们不得不去思考的问题。

我们广泛搜集了近些年国内外甘薯新品种、新技术、新经验，以问答的形式和简明扼要的语言，围绕"高产、优质、高效、生态、安全"的生产目标，按照"增产增效并重、良种良法配套、农机农艺结合、生产生态协调"的原则，从甘薯品种选育、种薯脱毒、壮苗培育、地膜覆盖、配方施肥、化学控制、农机农艺结合、病虫害防控、贮藏保鲜和产后加工等方面着手，有针对性地介绍了适合北方及周边地区栽培的甘薯品种、提高甘薯质量的栽培管理措施、贮运加工、市场营销等内容。本书内容全面系统、通俗易懂、层次分明，使读者一看就懂、一学就会，实用性强，符合薯农和生产技术人员的需要。

由于时间仓促，搜集资料有限，书中难免有诸多不足之处，望读者不吝赐教。

编　者

2022 年 6 月

目录

CONTENTS

一、甘薯产业发展概述

1. 甘薯种植起源如何?

甘薯 [*Ipomoea batatas* (L.) Lam.] 是旋花科 (Convolvulaceae) 甘薯属 (*Ipomoea*) 的一个栽培种,一年生或多年生双子叶蔓生性草本植物,属同源六倍体,染色体数目为 $2n=6x=90$。其蔓细长,茎匍匐地面,植株可分为根、茎、叶、花、果实、种子等部分。俗称红薯、山芋、红苕、番薯、地瓜、白薯、白芋等,生长在热带地区,四季常绿,能开花结籽,可以为多年生植物;在温带地区,茎叶受霜冻枯死,变成一年生植物。众多考古学、语言年代学、近缘野生种基因分析等综合证据表明,栽培甘薯约于公元前 8 000 年,出现在墨西哥、厄瓜多尔到秘鲁一带的热带美洲,性喜温,不耐寒,根系发达,较耐旱,是喜光的短日照作物,北纬 45°以南温带至热带的 120 余个国家和地区、从海平面地区到海拔 3 000 m 的高山均有种植,16 世纪末(明朝万历年间)传入中国福建和广东地区。甘薯具有高产稳产、适应性强、营养丰富等特点,是世界卫生组织推荐的 13 种最佳蔬菜之首,兼具粮食、经济作物的功能,用途广泛,可用作鲜食、淀粉加工、食品加工、叶菜和观赏等,已成为世界上重要的粮食作物、饲料作物、园艺作物及工业、食品原料。

2. 甘薯植株形态组成及其特征是什么?

(1) 根

甘薯用种子繁殖时,胚根最先顶破种皮,形成一条主根,这就是种子根，然后主根上依次长出侧根，主根和侧根都能膨大成块根，但生产上通常都不用种子繁殖。薯蔓的节上最容易发根，薯蔓的节间、叶柄和叶片也有发根能力。从这些器官上发生的根称为不定根（与从种子上发生的种子根相区别）。甘薯不定根初期（幼根阶段）外观幼嫩白色，内部有双子叶植物根的一般特征，以后由于内部分化状况的不同，发育成纤维根、柴根和块根3种不同的根。

① 纤维根　又称细根，呈纤维状，细而长，上有很多分枝和根毛，具有吸收水分和养分的作用。纤维根在生长前期生长迅速，分布较浅；后期生长缓慢，并向纵深发展，形成一个强大的根系网。纤维根主要分布在30 cm深的土层内，少数深达1 m以上。纤维根上的根毛很发达，单株根毛总长约8.11 km，是大豆的10多倍，所以甘薯吸收水分和养分的能力较强，抗寒耐瘠。

② 柴根　又称梗根、牛蒡根，粗如手指，直径1 cm左右，粗细均匀，只长长度而不膨大成薯，长度约30 cm或更长。柴根是由于受到不良气候条件（如低温、通气不良）和土壤条件（如氮肥施用过多，而磷、钾肥施用过少）等的影响，使幼根根内组织发生变化，中途停止加粗而形成的。柴根徒耗养分，无利用价值，应采取措施，加强排涝，改善土壤通气性，防止其发生。

③ 块根　也称贮藏根，就是供人们食用、加工的薯块。甘薯块根上能生长出许多不定芽和不定根，利用能发芽的习性被人们进行育苗繁育，因此既是贮藏养分的器官，又是重要的繁殖器官。块根是由少数较粗大的不定根幼根，在土壤适宜条件下，经过一系列组织分化和养分积累的过程，逐渐肥大而形成，多生长在5～25 cm深的土层内，很少在30 cm以下土层发生。单株结薯数和薯块大小与品种特性及栽培条件有关，深斜栽，结薯少；浅平栽，结薯多。块根通常有纺锤形、圆形、圆筒形、块状，块根形状虽属品种特性，但亦随土壤及栽培条件发生变化。皮色有白、黄、红、紫等几种基本颜色，由周皮中的色素决定。薯肉基本色是白、黄、红或带有紫晕。薯肉里胡萝卜素的含量影响肉色的浓淡。块根里有乳汁，俗称白浆。块根的形状、皮色和肉色是鉴别甘薯品

种的重要特征。

（2）茎

甘薯的茎通常称为蔓或藤。主蔓上长的分枝称为侧蔓。蔓的长相即株型一般分为匍匐型和半直立型 2 种。蔓的长短因品种不同差异很大，分为长蔓、中蔓和短蔓 3 种类型，最短的仅 0.7 m，最长的可达 7 m 以上。土壤肥力、栽插期和密度对茎长也有很大影响。短蔓品种分枝多，先丛生而后半直立或匍匐生长；长蔓品种分枝少，生长期间多为匍匐生长，茎粗一般为 0.4～1.2 cm。茎的颜色有纯绿、褐绿、紫绿和全紫，也有绿色茎上具有紫色斑点的。茎的表面有茸毛，到老茎时茸毛常常脱落则会较光滑。茎上有节，节的长短与蔓的长度有关，一般长蔓品种节间长些，短蔓品种节间短些。茎长短和颜色是鉴定甘薯品种的主要特征。茎节有芽和根原基，能长枝发根，生产上常利用这种再生能力，剪苗栽插进行繁殖。茎的皮层部分分布有乳管，能分泌白色乳汁。采苗时如乳汁多，表明薯苗营养较丰富，生活力较强，可作为诊断薯苗质量的指标之一。

（3）叶

甘薯属双子叶植物。种子萌发的实生苗最先露出 2 片子叶，接着在其上发生真叶，随着植株的生长，2 片子叶逐渐枯萎脱落，仅剩营养叶（真叶）。由块根或茎段繁殖的植株，则只由营养叶组成。茎上每节着生 1 叶，呈 2/5 螺旋状交互排列，即从第 1 片叶开始与第 9 片叶都在同一垂直线上，并且绕茎 2 周。叶有叶柄和叶片而无托叶，均为单叶。叶脉为掌状网脉。叶的两面都有毛，嫩叶上的更密。叶片长度 7～15 cm，宽 5～15 cm。长、宽都因栽培条件而有很大差异。叶柄长度一般 6～23 cm，最长可达 30 cm。叶片形状很多，大致分为心形、三角形和掌状等基本形状，叶缘又可分为全缘或齿缘、浅裂或深裂、单缺刻或复缺刻等深浅不同的形态。甘薯叶形变异多，不仅品种间变异显著，而且同一植株在不同生育阶段和不同着生部位的叶形也有较大的变异。叶片、顶叶、叶脉（叶片背部叶脉）和叶柄基部颜色可分为绿、绿带紫、紫等数种，均属鉴别品种的重要特征。

（4）花

甘薯在植物学上属被子植物亚门，短日照植物，具有开花本能，然而各甘薯区自然条件差异大，不同品种开花所要求的外界环境条件有别，所以甘薯在各地的开花情况也有很大差异。在北纬23°以南，我国夏秋薯区的南部以及秋冬薯区，一般品种均能自然开花；而在我国偏北地区长日照条件下，则很少自然开花，偶尔在长期干旱等特殊条件下会出现开花现象，但也不易结实。甘薯的花单生，数朵至数十朵丛集成聚伞花序，生于叶腋和叶顶。颜色呈淡红色，也有紫红色。成熟形状似牵牛花（呈漏斗状），一般较小。花萼 5 裂，长约 1 cm。花冠直径和花筒长 2.5～3.5 cm，蕾期卷旋。甘薯花是两性花，雄蕊 5 个，长短不一，2 个较长，都着生在花冠基部。花粉囊 2 室，呈纵裂状。花粉球形，表面有许多对称排列的小突起。雌蕊 1 个，柱头多呈 2 裂，子房上位，2 心皮组成，由假隔膜分为 4 室。甘薯花晴天在早晨开放，到下午闭合凋萎。甘薯为异花授粉作物，自交结实率很低。在全球范围内，农业生产上甘薯都是利用无性繁殖的方式进行繁殖，开花与否对生产没有直接影响，但可利用有性杂交育种进行新品种选育。

（5）果实与种子

果实为球形或扁球形蒴果。幼嫩时呈绿色或紫色，成熟时为褐黄色。1 个蒴果有 1～4 粒种子，多数为 1～2 粒；甘薯种子较小，千粒重 20 g 左右，直径 3 mm 左右。种子呈褐色或黑色，形状及大小因蒴果内的种子数目不同而异，1 个蒴果只结 1 粒种子的，种子近似球形；结 2 粒的呈半球状；结 3 粒或 4 粒的呈多角形。种皮角质，坚硬不易透水。用种子播种时，事先要割破或擦伤种皮，或用浓硫酸浸种半小时左右将酸冲洗干净后再催芽播种。甘薯的子叶张开时，双裂片呈凹字形。幼苗出土 20 d 内可长出 3～5 片真叶。

3. 甘薯生长经历哪几个阶段？

经过长期经验积累与研究，发现甘薯生长一般分为以下 4 个阶段。

（1）发根缓苗阶段

指薯苗栽插后，入土各节发根成活。地上苗开始长出新叶，幼苗能够独立生长，大部分秧苗从叶腋处长出腋芽的阶段。一般春薯在栽后 5～15 d 开始，到本阶段终期，根系基本形成，约在栽后 30 d。夏薯因当时气温较高，生长比春薯快，根系基本形成，需 15～20 d。

（2）分枝结薯阶段

这个阶段根系继续发展，腋芽和主蔓延长，叶数明显增多。主蔓生长最快，其延伸生长称"拖秧"，也称爬蔓、甩蔓，茎叶开始覆盖地面封垄。此时，地下部的不定根已分化形成小薯块，在本阶段后期成薯数已基本稳定，不再增多。本阶段春薯需要 30～75 d，夏薯需要 20～30 d。在本阶段初期根系已生长出总根量的 70% 以上，为促进茎叶生长打好了基础。至于薯块的形成，结薯早的品种在发根后 10 d 左右，肉眼虽难看出，实际上已开始形成，到 20～30 d 时已看到少数略具雏形的块根。在茎叶生长中，一些分枝少、蔓薯细长的品种没有团棵现象就直接伸长主蔓。从植株开始分枝到基本覆盖满地面，茎叶的重量可达到甘薯一年中最高茎叶重量的 1/3 以上。

（3）茎叶盛长阶段

指茎叶覆盖地面开始到生长最高峰，这一时期茎叶迅速生长，生长量占整个生长期重量的 60%～70%。地下薯块随茎叶的增长，光合产物不断地输送到块根而明显肥大增重。其总重量的 30%～50% 是在这个阶段形成的，有的地方把这个阶段称为蔓薯同长阶段。茎叶增长加快，使叶面积的增加达到了最高峰；同时新老叶片交替更新，新长出来的叶数与黄化落叶数到本阶段末期达到基本平衡。这阶段所需要的时间，春薯在栽插后 60～100 d，夏薯 40～70 d。

（4）茎叶衰退薯块迅速肥大阶段

指茎叶生长由盛转衰直至收获期，以薯块肥大为中心。茎叶开始停长，叶色由浓转淡，下部叶片枯黄脱落。地上部同化物质加快向薯块输送，薯块肥大增重速度加快，增重量相当于总薯重的 40%～50%，高者可达 70%，薯块里干物质的积蓄量明显增多，品质显著提高。

由于植株的地上部与地下部是处于不同部位的统一体，上部茎叶的生长繁茂程度，决定于根系吸收养料的供应。地下部薯块产量的高低，又依赖于地上部茎叶光合产物的输送和积累程度。总之，各阶段相互交替，很难截然分开。每个阶段时间长短不同品种不尽相同，故上述 4 个阶段的划分不是绝对的。

4. 甘薯块根是怎样形成的?

块根都是由幼根发育而成的，当幼根尚未形成块根以前，从组织结构来看，由外向里是表皮、皮层、内皮层、中柱鞘、中柱。中柱处在根的中央，除包在中柱外面的中柱鞘外，里面还有木质部、韧皮部、形成层等。中柱鞘是一层薄壁细胞，包在中柱外面，它可以分生出侧根和不定根。木质部主要由导管细胞组成，它的功能是把从土壤里吸收来的养料和水分输送给地上的茎叶。韧皮部主要由筛管细胞构成，其用途是把叶片里制造的养料（碳水化合物）通过筛管运到根部。韧皮部还有乳管细胞，产生白色乳汁，也就是人们常看到的薯块断伤后流出的白浆。形成层是具有强烈分生能力的组织，通过自身细胞分裂与长大，能够不断地长出新的木质部和韧皮部来，块根的形成与长大变粗就是多种形成层活动的结果。初生形成层活动程度的大小，决定着幼根能否形成块根。次生形成层的多少与活动程度，直接关系着已经形成的块根能否长大变粗。3 种形态根的出现，就是由形成层活动程度与中柱细胞木质化程度来决定的。

栽插后 20～40 d，凡是初生形成层活动程度强而中柱细胞木质化程度小的根，都能够形成块根。凡是初生形成层活动程度强，中柱细胞木质化程度大的，就易成为只长长不长粗的柴根。如果初生形成层活动程度弱，不再出现次生形成层，不论中柱细胞木质化程度大或小，根的直径不再加粗，就会成为纤维根（须根）。周皮主要是初生形成层的活动形成，使根不断加粗，内皮细胞向外伸展，而皮层细胞的增加速度又赶不上内部不断加粗的速度，于是皮层和表皮终于破裂解体，再从中柱鞘产生木栓形成层、木栓层、栓内层组成的周皮，也就是通常称为的薯皮。由中柱内部的形成层分裂出大量薄壁细胞，使块根不断加粗长大，就是薯块。人们所食用的薯块实际上是块根的中柱。周皮细胞含有花青素，不同品种的花青素含量各异，因而形成不同颜色的薯皮。

5. 为什么说甘薯是具有特殊保健作用的作物？

甘薯营养丰富，养分平衡，并且具有多种保健功能，被世界卫生组织（WHO）评选为 13 种最佳蔬菜之首。甘薯中含有多酚、维生素、花色素苷、β-胡萝卜素、神经节苷脂、膳食纤维、多糖、药喇叭苷、矿物质、蛋白质等人体必需的重要营养成分，甘薯表皮 $5\sim10$ mm 的部分含有较多的花青素苷、绿原酸、钙和紫茉莉苷。这些营养成分决定甘薯具有抗氧化、保护肝脏及大脑、缓解粥样动脉硬化、提高免疫力、抗癌、抗高血压、抗糖尿病、抑制胆固醇、抗炎、促进肠蠕动、防止紫外线辐射等作用，有一定的药用价值。据《本草纲目》中记载，甘薯具有补虚乏、益气力、健脾胃、强肾阳等功效，可以补中和血、益气生津、宽肠胃、通便秘，主治脾虚水肿，肠燥便秘。日本国立癌症预防研究所通过对 20 多种蔬菜抗癌成分的分析及抑癌实验结果显示，熟甘薯名列防癌抗癌蔬菜的首位，生甘薯位列第二，抑癌率分别为 98.7% 和 94.4%。欧美等发达国家把甘薯视为营养平衡且全面的保健食品。甘薯含的热量仅相当于同质量大米所含热量的 30%，而且几乎不含脂肪和胆固醇，且富含大量膳食纤维，吃后饱腹感强，总热量摄入低，因此具有一定的减肥功效。此外，甘薯还是一种生理碱性食品，能中和米、面、肉、蛋等所产生的酸性物质，维持体内的酸碱平衡。随着经济快速的发展以及人们食品消费观念的转变，甘薯以其突出的保健和药用功能备受现代人青睐。

甘薯营养成分及保健功能如下：

（1）蛋白质

甘薯中的蛋白质含量约为 2.3%，高于鲜玉米、芋头、马铃薯，更比我们日常的主食（大米和面粉）高出许多，更重要的是甘薯中蛋白质的生物效价很高，其含有的 8 种人体必需氨基酸的含量符合世界卫生组织（WHO）推荐模式，所以甘薯的蛋白质能够很好地被人体吸收利用。此外，甘薯块根含有丰富的能促进人体新陈代谢、助长发育的被称为"第一限制性氨基酸"的赖氨酸。

（2）多糖

多糖是甘薯块根的主要成分，占甘薯干质量 87.5% 的淀粉是甘薯的主要能量来源。甘薯中还存在一定量的活性多糖，研究证明，它们有着不可忽视的作用，具有抗肿瘤、抗突变、增强免疫及降血脂等功能。

（3）黏液蛋白

据日本营养学家发现，甘薯中含有一种独特的黏液蛋白（glycoprotein），是由糖类（62.34%）、蛋白质（8.55%）、水分、果胶、灰分等组成的混合物，对人体的消化系统、呼吸系统和泌尿系统各器官组织的黏膜具有特殊的保护作用。研究证明，黏液蛋白在人体内起着信号传导而启动下游反应的功能，该物质具有保持动脉血管弹性、减少皮下脂肪蓄积、避免肥胖，防止肝脏和肾脏中结缔组织萎缩，防止胶原病的发生，促进胆固醇的排泄，增强免疫功能、降血脂、降血糖，抗肿瘤、抗突变活性及延缓人体机能衰老等。

（4）酚类物质

酚类物质是植物次生代谢产物，存在于马铃薯、甘薯组织中，是一类重要的天然抗氧化剂，研究发现甘薯酚类化合物含量与其抗氧化活性密切相关。据报道，甘薯中酚类物质的含量较高，甘薯中的酚类提取物具有抗氧化、抗突变、缓解肝损伤和抑制病毒繁殖等功能，酚类物质的功能研究也是目前的一个研究热点。

（5）膳食纤维

甘薯中含有大量的膳食纤维，是马铃薯的 3 倍、米面的 10 倍，被营养学家称为第七营养素，食用后在肠道内无法被消化吸收，可以增加粪便体积，稀释粪便中的有害物质浓度，可刺激肠胃蠕动，帮助消化，减少粪便在肠道内的停留时间，从而减少致癌物质与肠黏膜的接触，减少直肠癌的发生概率。国内外大量的研究证明，纤维素还容易与不饱和脂肪酸结合，对人体有降低血浆胆固醇、预防肥胖症、改善血糖生成反应、预防便秘和结肠癌、预防胆结石、抗乳腺癌等生理功能。

（6）脱氢表雄酮

脱氢表雄酮（DHEA），是睾酮生物合成过程中的一个中间产物，由脑部、皮肤和肾上腺制造，具有较弱类似性激素作用，且无激素的副作用。美国费城大学生物学家首次发现甘薯中含有脱氢表雄酮，研究发现与动物体内肾上腺分泌的 DHEA 相类似。该物质具有多种保健功能，不仅可以使老化的人体内器官系统再活跃起来，还可以增强免疫力、预防心血管疾病、减少脂肪形成、抚平皱纹促进皮肤光滑，可作为理想的驻颜美容食品，并能防止结肠癌和乳腺癌的发生，具有抗癌作用。甘薯块根中的 DHEA 还可以缓解疲劳，对人体的呼吸道、消化道、骨关节可起到润滑和抗炎症的作用。同时，DHEA 参与合成肾上腺分泌的多种激素，如 DHEA 可转化成雄酮，是提供老年女性雌激素的重要来源。

（7）矿物质

甘薯含有丰富的矿物质，其中每 100 g 甘薯中含有的钙、磷、铁分别为18 mg、20 mg、0.4 mg，还含有大量的钾、镁以及碘和硒等微量元素，由于钾是碱性元素，甘薯是 pH 为 10.31 的生理碱性食品，具有中和体液的作用。这些丰富的矿物质可以有效地调节人体的酸碱平衡，减缓因年龄增长而导致的离子流失，从而具有增强体质、延年益寿之功效。

（8）维生素、胡萝卜素和花青素

甘薯块根中含有丰富的维生素、胡萝卜素等，如红心品种每

100 g甘薯块根中约含 β-胡萝卜素（维生素A前体）1.31 mg、叶酸49 μg，胡萝卜素的含量与胡萝卜相比毫不逊色；维生素B_1、维生素B_2的含量约为大米的6倍、面粉的2倍；维生素C含量极高，为苹果、葡萄、梨的10～30倍，比柑橘类水果还高；维生素E的含量约为小麦的9倍，是清除活性氧自由基的主要成分。现代医学表明，自由基是诱发癌症、衰老和动脉硬化的原因之一，经常食用甘薯能提升人体的免疫系统，减缓人体机能衰老，有效预防癌症和动脉粥样硬化的发生。同时甘薯中的色素提取物，如花青素、甲基花青素等，也具有较强的抗氧化活性，其抗氧化作用是维生素E的50倍，能够很好地抑制杂环胺类的致突变物质。

6. 为什么说紫甘薯具有较高的食用和药用价值？紫甘薯是转基因作物吗？

（1）紫甘薯的食用和药用价值

紫甘薯是甘薯的一种，因其薯肉为紫色而得名。紫甘薯与一般甘薯最大的区别就是除具有普通甘薯的营养成分外，还富含花色素等，其100 g皮肉中花色素含量可达20～180 mg，除了具有普通甘薯的生理保健功能以外，其清除体内氧自由基、恢复肝功能正常、预防癌症、修复脑损伤等作用更加突出，具有较高的食用和药用价值。紫甘薯的保健作用主要体现在：

① 抗氧化，防衰老 紫甘薯所含的花色素是抗氧化剂中最强、最有效的自由基清除剂之一。很多抗氧化剂在体外实验中可能表现出较强的抗氧化能力，而一旦进入人体内，作用就大大下降。花色素的实际抗氧化作用是维生素C和维生素E的数十倍。体内多余的脂肪如被氧化，容易破坏人体的正常细胞和组织，导致人体老化，而花色素是一种理想的氧自由基清除剂和脂质过氧化的抑制剂。因此紫甘薯在欧洲是公认的最佳抗衰老营养食品。研究表明，甘薯花色素与其他水果和蔬菜相比较，具有更好的保健作用。

② 改善人体的代谢，对肝脏和心血管有较强的保健功能 花

色素能防止肝组织缺血，促进受损伤的肝脏功能恢复正常。紫甘薯中的花色苷具有降低血管张力，能有效促进血管张力下降，舒张血管。部分高血压的病人食用紫甘薯后，过高的血压出现良性的下降。

③ 抑制细胞癌变，发挥抗癌作用　正常细胞受致癌因素（如体内自由基产生过多）影响，会突变引发癌症。花色素能显著降低体内自由基产生的数量，降低正常细胞的异常变化概率。国外营养学家通过试验发现，食用紫甘薯能有效控制结肠上皮细胞的癌变，对结肠癌有一定的预防作用。

（2）紫甘薯不是转基因作物

① 紫心甘薯的存在历史悠久　紫薯之所以呈现为紫色，是因为紫薯含有花青素，花青素是一种水溶性天然色素，属类黄酮化合物，它广泛存在于自然界27科72属630多种植物。20世纪70年代末开始编辑，1984年出版的《全国甘薯品种资源目录》，共收录农家种586份，其中带紫色26份、全紫色4份；育成种337份，其中带紫色30份、全紫色2份。

② 转基因技术尚未应用到甘薯品种选育　世界上第一例转基因植物的报道是1984年，一种含有抗生素药类抗体的烟草在美国成功培植。1990年，日本学者太谷等才最早报道获得转基因甘薯。国内于1991年，朱宝成等在中国首次报道甘薯遗传转化，但仅获得转化愈伤组织；2001年高峰等报道了转基因甘薯的获得。中国农业大学、中国科学院等报道了甘薯转基因取得进展，直至今天甘薯转基因技术研究仅限于个别基因转移成功，性状得到部分改良，但绝无一例在生产上利用的品种。

③ 紫心甘薯全部是通过常规手段育成　我国甘薯资源圃中拥有较丰富的紫心材料，利用常规杂交和集团杂交可以快速积累花青素。在世界范围内甘薯转基因技术还停留在研究阶段，没有任何一个国家利用转基因技术育成甘薯紫心品种。国家对转基因品种的审查是非常严格的，即便是从实验室到试验田也要经过严格的批准手续。

我国从 21 世纪初大范围开展紫甘薯常规育种工作，并设立了紫甘薯国家区域试验，先后有一批紫甘薯品种通过国家（省）审（鉴、认）定，据不完全统计，2003 年以来通过国家鉴定的甘薯品种共有 140 个，其中紫心甘薯 17 个，国家最早通过鉴定的品种为烟紫薯 1 号、广紫薯 1 号、济薯 18。由于紫甘薯市场价格较高，农民愿意种植；加工产品丰富，企业乐意加工；保健功能强，市民愿意食用。因此紫心甘薯种植面积逐年扩大，已成为甘薯产业的新亮点。

从以上几点分析表明，甘薯育种者可以负责任地说，现在生产上种植的、市场上销售的紫心甘薯绝不是转基因甘薯。

7. 什么是菜用甘薯？其与普通甘薯的区别是什么？营养价值、特性及综合利用情况如何？

菜用甘薯是一种营养丰富且均衡、保健作用强、口感风味好的绿色保健型蔬菜，在发达国家和地区特别受欢迎，在香港被誉为"蔬菜皇后"，日本尊其为"长寿菜"，美国把它列为"航天食品"，医学界已将其列入抗癌蔬菜之一。

（1）菜用甘薯与普通甘薯的区别

菜用甘薯是指植株地上部分枝多、茎叶生长快、再生能力强、茎端茸毛少、无苦涩味、口感嫩滑、营养成分丰富的甘薯品种；甘薯菜用即把甘薯的叶、嫩茎、叶柄等作为蔬菜食用，实际上一般是将甘薯蔓茎生长点以下长 12 cm 左右的鲜嫩茎叶作为蔬菜食用。

菜用甘薯品种与普通甘薯品种在主要经济器官的可利用价值上存在着根本的不同，普通甘薯品种主要利用块根，而菜用甘薯品种主要利用茎尖。普通甘薯品种的茎尖虽然也可以食用，但与菜用甘薯品种的茎尖有着显著的差别，两者之间的主要不同点表现为：①菜用甘薯品种的茎尖食味清香，普通甘薯品种的茎尖食味苦涩；②菜用甘薯品种的茎尖质地鲜嫩，普通甘薯品种的茎尖质地比较老化；③菜用甘薯品种的茎尖全身无茸毛或只有极少量的茸毛，普通甘薯品种的茎尖往往有大量茸毛；④菜用甘薯品种的茎细叶小，普通甘薯品种的茎粗叶大。另外，普通甘薯品种的薯块产量一般比较高，而菜用甘薯品种的薯块产量一般很低。

(2) 菜用甘薯的营养价值

甘薯茎蔓的嫩尖、嫩叶中含有丰富的蛋白质、胡萝卜素、维生素、矿物质、黄酮类化合物等营养成分，其中维生素种类齐全、含量丰富，尤其是维生素 B_1、维生素 B_2、维生素 B_6 和维生素 C 含量更是超过一般叶类蔬菜。据中国预防医学科学院检测，菜用甘薯叶与菠菜、芹菜、大白菜、小白菜、韭菜、花椰菜、黄瓜、南瓜、冬瓜、莴苣、甘蓝、茄子、番茄、胡萝卜等 14 种常见蔬菜相比，在蛋白质、脂肪、碳水化合物、热量、膳食纤维、钙、磷、铁、β-胡萝卜素、维生素 C、维生素 B_1、维生素 B_2、烟酸等 13 项营养成分的含量或储量方面，菜用甘薯叶均居榜首；甘薯茎尖含有丰富的氨基酸，且包括人体必需的 18 种氨基酸，与下列 21 种常见蔬菜相比，其氨基酸总量位居第一，分别是茴香、菠菜、茼蒿、韭菜、芫荽、蒜苗、香椿的 1.3、1.4、1.6、1.6、1.7、1.8、1.9 倍，是蕹菜、油菜、小白菜、大白菜、甘蓝的 2～3 倍，是胡萝卜、茄子、丝瓜、芹菜、生菜、番茄、黄瓜的 4～5 倍，是南瓜、冬瓜的6～9倍；甘薯茎尖的亚硝酸盐含量低于 4.0 mg/kg，符合我国无公害蔬菜亚硝酸盐的限量标准；硝酸盐含量符合 1 级蔬菜限量标准，品质上乘。亚洲蔬菜研究中心把甘薯叶列为营养价值高的夏季蔬菜，世界卫生组织（WHO）历时 3 年的研究结果将甘薯（茎叶）列为 13 种最佳蔬菜之首。

(3) 甘薯茎叶食疗同源性和菜用甘薯农艺特性

甘薯叶含有类似雌性激素类的物质，长期食用能保持人体皮肤细腻、延缓衰老；所含黏蛋白是胶原和黏多糖物质的复合物，能增进健康、防止疲劳、保持精力充沛；还含有大量的纤维素和果胶类物质，能促进胃肠蠕动、刺激消化，从而可治疗便秘等肠道疾病。还具有促进胆固醇的排泄、阻止心血管内脂肪的沉积、维持动脉血管的弹性、预防动脉粥样硬化及防止肝脏和肾脏中结缔组织的萎缩、保护消化道与呼吸道的黏膜、保持关节腔的润滑等作用，对补虚乏、益气力、健脾胃都有一定的功效。此外甘薯还有一个显著特点，那就是甘薯叶由于病虫害少，农药污染轻，医学界已将其列入抗癌蔬菜之列，营养学家将其誉为"长寿食品"。

甘薯适应性广，栽培容易，再生能力强，采收期长，可以从封垄时开始持续采收到收获薯块前半个月，这些是其他蔬菜无法比拟的。既能在炎热的夏季补充城乡叶菜的市场供应空当，又能增加蔬菜种类，丰富人民群众的菜篮子。茎尖菜用甘薯喜温暖气候，耐高温，耐旱，耐碱，不耐霜，生长期要求充足的光照。菜用甘薯既能生产薯块又能将茎尖做叶用蔬菜食用，对土壤的要求比普通甘薯更为宽松，各种类型的土壤均可种植。

（4）菜用甘薯综合利用价值

菜用甘薯一般采摘茎尖嫩叶食用，单位种植面积增加的纯收入相当可观。若以甘薯茎尖嫩叶为原料，通过深加工制成各种系列营养保健食品，则经济效益将有更大提升。目前在日本、东南亚和我国台湾、香港等地的蔬菜市场上，甘薯茎尖嫩叶属畅销的营养保健蔬菜，备受广大消费者的青睐，具有广阔的发展前景。

8. 目前国内外甘薯生产形势如何？

（1）国外甘薯生产形势

根据联合国粮农组织（FAO）统计数据，2017 年世界上有 118 个国家（地区）种植甘薯。从地域上来看，在世界范围内，甘薯主要分布在亚洲、非洲的发展中国家，其次为美洲、欧洲，大洋洲种植面积极少，其中亚洲产量最高，占世界总产量的 82.23%。全球甘薯平均单位产量亚洲最高，其次是欧洲，尽管非洲甘薯收获面积较大，但因其生产水平较低，单产最低。

（2）国内甘薯生产形势

① 甘薯面积基本稳定，单产稳步上升　中国一直是世界上最大的甘薯生产国，甘薯在世界主要粮食作物产量中排名第七位，在我国仅次于水稻、小麦和玉米，居第四位。目前中国甘薯产业稳步

发展，种植面积趋于平稳，单产稳步提高。据 FAO 的统计资料显示，2018 年中国甘薯种植总面积为 237.93 万 hm^2，占世界种植总面积的 29%，总产占世界总产量的 57%，单产达到 22 378.5 kg/hm^2，达到世界平均水平的 1.96 倍。受市场价格和气候因素的影响，面积和产量年度间有 5% 左右的上下波动。

② 甘薯是保证粮食安全的底线作物 甘薯能够充分利用边际土地，具有超高产、稳产特性，薯干产量可超过 22 500 kg/hm^2，高于谷物类作物所创造的高产纪录，其广泛的适应性和节水特性，在丘陵旱薄严重干旱、谷类作物颗粒无收的田块，鲜薯产量仍可达到 22 500 kg/hm^2，具有较强的生产储备能力和特有的救灾功能。习近平总书记曾经说过，手中有粮，心中不慌。保障粮食安全对中国来说是永恒的课题，任何时候都不能放松。历史经验告诉我们，一旦发生大饥荒，解决 14 亿人的吃饭问题，首先考虑的就是甘薯。

③ 食用甘薯市场越来越大，种植效益明显提高 甘薯除含有丰富的食用纤维、糖、维生素、矿物质、蛋白质等人体必需的重要营养成分，还含有多酚、多糖、花青素等活性成分，具有抗炎、抗氧化等保健作用，有一定的药用价值。近年来，中国甘薯市场需求向高端化发展，甘薯优质食用型品种种植面积和集约化种植模式不断扩大，鲜食市场供应比例不断提高，以健康为目的的鲜食消费比例逐年增加，甘薯逐步实现餐桌化，休闲、保健和功能食品得到适度发展，也催生了一批区域公共品牌，价格高位稳定，种植效益明显提高。

④ 初深加工产品逐渐丰富，带动甘薯种植向专业化方向发展 目前我国甘薯消费结构中，加工所占比重由 2000 年的 30% 上升到 50%，传统的"三粉"加工比例在缓慢下降，地瓜干、全粉、酒类以及各种精制产品的加工比例在不断上升，产品呈现多样化、功能化、高端化，如甘薯保健成分提取、浓缩甘薯汁、甘薯泥、甘薯全粉、速冻薯泥薯块、冷冻烤甘薯、甘薯馒头、甘薯面条和应用于快速消费品的甘薯等，优质专用化品种正逐步取代传

统品种，特别是紫薯全粉市场需求量较大，膳食纤维、甘薯蛋白等加工副产物的综合利用，促进甘薯生产向专业化、高效益方向发展。

⑤ 优质产区的优势越来越明显，品种细分成为趋势. 根据农业农村部组织的甘薯产业优势区域规划专家组意见，优势区域带可分为北方淀粉用和鲜食用甘薯优势区、西南加工用和鲜食用甘薯优势区、长江中下游食品加工用和鲜食用甘薯优势区、南方鲜食用和食品加工用甘薯优势区。随着优质品种的不断丰富，优质品种在优质产区的销售和价格优势越来越明显，比如烟薯 25 的优质产区分布在环渤海区域的烟台、威海、大连、葫芦岛、唐山等，普薯 32 分布在长江以南地区，商薯 19 主要分布在中原地区。

⑥ 机械化程度和生产效率逐步提高 随着农村劳动力的不断转移，用工成本的增加，传统的劳动力密集型甘薯栽培模式已经不能适应土地流转带来的甘薯集约化种植，促使甘薯轻简化栽培技术及机械化研发的投入增加。在甘薯主产区基本上实现了从起垄、中耕、茎蔓还田、收获环节的机械化，解决了甘薯日常管理以及收获的用工难题，正逐步实现栽插机械化和全程机械化，生产效率显著提高。

⑦ 茎尖叶菜用品种面积逐年上升，观赏用甘薯已成为部分城市的规模化绿化美化植物 这些变化得益于甘薯优良品种培育和健康种薯种苗繁育的同步发展，特别是品种创新与种业培育的同步推进，使得甘薯种业得到了高质量发展。甘薯已成为农业产业结构调整中高产高效作物，实现了由量到质的转型升级。

9. 我国甘薯产业呈现怎样的发展趋势?

在党中央全面建成小康社会，满足人民对美好生活向往的需求这样的大背景下，满足人民从饱腹到营养健康的需求已成为现代农业发展的目标导向，甘薯产业也将向品种多元、质量提升的方向发展。紧紧围绕国家重大需求、关注世界甘薯科技发展前沿，通过开展培育薯苗、地膜覆盖、高剪苗、土壤培肥、水肥一体化、化控配方、标准化栽插、病虫害综合防控等关键技术研发，形成重要技术支撑。以建立国家和优势区域甘薯健康种薯种苗繁育体系为重要抓手，提高中国甘薯科研和产业的竞争力，引领世界甘薯品种创新和种业发展，完成具有世界一流水平的甘薯种质资源保存库及表型和基因型大数据采集与研究体系建设。

发掘满足不同育种需求的优异种质，实现种质资源向基因资源转变；完成甘薯育种公共服务平台建设；完成甘薯优质高产多抗育种的理论基础研究和甘薯分子育种方法与程序的设计方案；核心前沿育种技术和精准高效育种技术取得重大突破；完善科企融合协同创新体系，提高企业种业技术创新水平，培育育繁推一体化的创新型种薯种苗企业；科企融合、种业与加工业精准对接，建设以营养健康为导向的甘薯种业创新体系，加快优质高产多抗专用新品种的选育和推广速度；进一步加强甘薯高档、多元化、功能化加工产品研发力度；建立集甘薯高效生产、加工、营销一体化的产业链示范区，培育加工龙头企业及知名品牌。

可以预见，在未来粮食构成中，甘薯将是非常具有竞争力的作物之一。因此，充分利用我国的甘薯资源，发展甘薯产业具有重要的战略意义。

10. 甘薯产业面临的主要问题有哪些？

(1) 种薯种苗繁育体系不健全的问题仍然突出

良种推广放任自流，主要表现在区域性大型基地缺乏，脱毒种薯种苗市场以次充好、以劣充优，种薯种苗生产滞后，新品种推广应用慢。

(2) 病虫害是限制甘薯产业发展的重要因素

跨区域调种导致一些检疫性病虫害传播等问题，究其原因还是由于种薯种苗市场质量监督标准缺失，检疫程序缺乏，国家监管力度不够等原因造成。近年来，南病北移、北病南迁现象时有发生，甘薯病毒病害的扩散，真菌性茎基部枯萎病的出现，虫害蚁象的北迁，都对甘薯产业造成严重威胁。加上农药化肥的滥用，其残留可能影响甘薯外部商品品质和内部营养品质。

（3）劳动力成本增加，农机化水平不高

农村劳动力已严重缺乏，2015 年甘薯劳动力成本占总成本的 45％左右，高于肥料和种薯种苗之和。由于缺少甘薯生产上急需的轻便配套机械，以及农机农艺结合的高效轻简化实用技术，甘薯生产机械化程度明显低于其他作物，成为甘薯产业发展的重要限制因素。

（4）盲目扩大种植面积，品种搭配不协调

受甘薯比较效益高的影响，部分地区农民扩种甘薯，一些甘薯种植大户盲目扩大面积，没有很好地解决品种比例、种苗繁育、机械化作业、贮藏等技术和流通销售渠道，造成成本高、销售不畅、损失多、企业运营困难等。

（5）加工企业融资困难，产业发展资金短缺

甘薯未能进入主粮收购目录，企业在收购季节需大量资金，企业融资难，生产规模小，地方政府不愿立项和增加投入，限制了新技术、新设备的引进，导致加工转化率较低等，都影响了甘薯的生产。

11. 甘薯产业发展有哪些对策和建议？

（1）建立健全种薯种苗繁育体系，加强甘薯种苗产业监督与管理

种苗产业是甘薯产业的起点。但是近年来甘薯种苗产业发展中也遇到一些问题，例如种苗市场混乱、以次充好、种苗带毒等，有些薯农自行留种，种苗品质往往得不到保障。因此，对甘薯种苗产业发展提出以下几点建议。

① 继续大力推进甘薯种苗脱毒繁育工作　继续引导扶持建立专业化的甘薯育苗主体，加速良种繁育；停止病毒病发生地区农民自行留种行为；相关技术推广部门与科研单位，应当加强对育苗企业的科技指导与协助，提高脱毒薯苗产品合格率。

② 缩短薯苗运输距离　严格控制甘薯种苗跨省份长距离运输，降低未感染地区甘薯病毒病的发病风险，保护非病区农业生态。

③ 加强甘薯种苗市场监督与管理　针对目前市场上存在的一些以次充好、假冒脱毒种苗侵害农户利益的行为，应当加强对市场的监督和管理，一旦发现不合规不合法行为，即予以严厉惩处，保护薯农利益。

（2）大力发展鲜食甘薯产业

近年来国家出台了一系列环保政策，甘薯加工产业，尤其是传统小作坊式的加工模式遭到重创，甘薯加工产业正面临改革期的阵痛，淀粉型甘薯需求下降；同时由于居民生活水平提高，粗粮化呼声高涨，消费市场对鲜食甘薯的需求扩大。一方面，对于农户而言，发展鲜薯产业，有利于缩短产业链，提高甘薯销售单价；另一方面，就目前的市场行情来看，甘薯消费市场相对稳定，且有上升的趋势，而甘薯淀粉加工产业环境相对复杂，面临的市场风险相对更高。因此在今后的发展过程中可以根据市场需求，适当扩大鲜食型甘薯产业规模，控制加工型甘薯种植规模。

（3）因地制宜，加快推进甘薯种植机械化

针对当前甘薯种植机械化水平较低的现状，在今后的发展过程中应当加快推进甘薯种植机械化。在全国土地适度规模经营的大背景下，甘薯平均种植规模不断扩大，劳动力成本不断上升，迫切需要通过提高机械化水平来提高生产效率、降低成本，因地制宜选择合理农机化形式。

（4）加强新品种新技术的评价筛选与信息发布

经过甘薯育种科学家多年的努力，我国已选育出一批特点鲜明、优势突出的甘薯品种，为甘薯产业的发展做出巨大贡献。但全国各地甘薯品种类型多、虚假广告多，种薯种苗市场混乱，建议以推广部门、技术体系、行业学会结合为主体共同组织新品种、新技术的评价筛选和信息发布。

（5）加大甘薯产业发展政策支持

我国是世界第一大甘薯生产国。尽管与水稻、小麦等大田作物相比，甘薯种植具有较高的经济收益，且适应性强，耗水少，对地形、土壤要求不高，是一种优势突出的农业品种，但在实际生产中甘薯产业的发展往往得不到足够的重视和必要的政策支持。今后希望农业农村部门在制定政策和发展规划时，能够充分考虑甘薯的优势地位，在一些领域给予政策扶持。如将甘薯产业发展与产业扶贫相结合，提高农民收入；加大甘薯收获后保鲜技术、物流配送、精深加工技术研发投入；出台购置甘薯生产机械的补贴政策等。

12. 我国甘薯种植区域是怎样划分的？各有什么特点？

甘薯在我国种植的范围非常广泛，南起海南、北到黑龙江，东起沿海、西至四川西部山区和云贵高原均有分布。我国甘薯种植主要集中在四川、山东、重庆、广东、河北、辽宁、安徽、河南、湖南、福建、湖北等地，其中四川、山东、重庆、广东四省份所占比重在45%以上。

根据我国的气候条件、耕作制度、地形和土壤等条件的差异，全国甘薯生产分为5个生态区，即北方春薯区、黄淮流域春夏薯区、长江流域夏薯区、南方夏秋薯区、南方秋冬薯区。经多年实践，考虑到气候条件、甘薯生态型、行政区划、栽培面积、科研条件等，以品种区域适应性为准，一般将甘薯种植区域划分为北方薯区、长江流域薯区、南方薯区三大薯区。

（1）北方薯区

本区主要包括淮河以北黄河流域的省份，涉及北京、山东、河南、河北、山西、陕西、安徽等地。本区属季风性气候，年平均气温8～15℃，全年无霜期150～250 d，日照百分率为45%～70%，年降水量450～1 100 mm，土壤为潮土或棕壤，土层较厚，适合机械化耕作，以种植春、夏薯为主。根据中国农业年鉴资料统计分析，2015年本区种植甘薯面积达110万 hm^2 左右，占全国种植面积比例的28.8%。北方薯区以淀粉加工和鲜食用为主，丘陵山区和淮河以北的平原旱地淀粉用甘薯种植和加工集中度高，鲜食用甘薯种植多处于大城市郊区，或位于交通要道沿线。

（2）长江流域薯区

本区主要包括除青海以外的整个长江流域，即江苏、安徽、河南三省淮河以南，陕西的南端，湖北、浙江全省，贵州的大部，湖南、江西、云南三省的北部，以及川西北高原除外的全部四川盆地。本区属季风副热带北部的湿润气候，地势复杂、海拔高度变化很大，气候的区域差异和垂直变化十分明显，全年无霜期 225～310 d（平均 260 d），年平均气温 16.6 ℃，雨量较充沛，云雾天较多，蒸发量较大，总辐射量、日照时数较南北两薯区低。根据中国农业年鉴资料分析，2015 年本区种植甘薯面积达 170 万 hm^2 左右，占全国种植面积比例已接近 50%，成为我国最重要的甘薯产区。该薯区淀粉加工、鲜食和食品加工用并重。

（3）南方薯区

包括南方夏秋薯区和南方秋冬薯区两大生态区。南方夏秋薯区包括福建、江西、湖南三省的南部，广东和广西的北部、云南中部和贵州南部的一部分，以及台湾嘉义以北地区，南方夏秋薯区属季风热带中部和南部的湿润气候，年平均气温 20 ℃。南方秋冬薯区包括广东、广西、云南南部，以及台湾南部，属热带季风湿润气候，年平均气温 18～25 ℃（平均 24 ℃），全年无霜期 325～365 d（平均 356 d），热季长达 8～10 个月，甘薯四季均可生长。根据中国农业年鉴资料分析，2015 年本区种植面积达 70 万 hm^2 左右，甘薯种植面积占全国比例一直稳定在 20% 以上，甘薯在南方薯区具有非常重要的地位，主要为以鲜食为主、加工利用为辅的主导产业模式。

13. 北方甘薯的发展现状如何？有哪些优势？

北方甘薯以淀粉加工和鲜食用为主，伴随甘薯用途多元化和加工商品化不断提升的需要，高产、抗旱、耐贫瘠的高淀粉甘薯品种烟薯 29、商薯 19、济薯 21、济薯 25、烟薯 26，优质鲜食甘薯品种烟薯 25、济薯 26、普薯 32，高产鲜食品种龙薯 9 号、苏薯 8 号，紫甘薯加工品种济紫薯 1 号、烟紫薯 3 号等种植面积迅速扩大，已成为当前北方甘薯生产的主栽品种。

近年来，山东省烟台市农业科学研究院选育的优质食用型品种烟薯 25，以其独特的优秀品质风靡全国，市场占有率达到鲜食品种的 40% 左右，成为当前推广面积最大的甘薯品种，在全国掀起食用甘薯的产业革命，对中国甘薯产业发展起到了积极的推广作用，使鲜食和食用甘薯面积得以提升，北方甘薯种植面积由多年稳定的 110 万 hm^2 突破性增长到 150 万 hm^2 左右，占全国种植面积比例大幅提升，在 30% 左右，薯农收益也有了很大提高，并带动相关一二三产业同步发展。

二、甘薯新品种选择

1. 淀粉型、食用型、特用型甘薯的要求是什么?

(1) 淀粉型甘薯

要求干物率高,产量高,淀粉品质好(主要指淀粉黏度高,制作粉条不容易断条),薯肉颜色白。优质淀粉型品种主要有丰收白、济薯 25、烟薯 26、烟薯 29 等。

(2) 食用型甘薯

要求口感好;干物率适中 22%~28%;薯肉颜色美观,黄色、红色、紫色比较受欢迎;外观漂亮,商品性好,抗病性强,耐储性好,最好能达到周年供应。优质食用型品种主要有烟薯 25、遗字138、普薯 32(又称西瓜红)、烟紫薯 3 号等。

(3) 特用型甘薯

因其有特殊用途,所以不同用途的品种有不同的要求。比如提取花青素品种要求花青素含量要高,提取胡萝卜素品种要求胡萝卜素含量高、产量高、耐储性要好。

2. 目前北方种植的淀粉型品种有哪些?

(1) 商薯 19

① 品种来源 原系号 SL-19,系商丘市农业科学研究所 1996年从本所品系 SL-01×豫薯 7 号杂交后代选育而成,2003 年 3 月26 日通过全国甘薯品种鉴定委员会鉴定。

② 特征特性 顶叶色微紫,叶色、叶脉色、茎色等地上部均

为绿色；叶形为心脏形带齿，茎蔓粗，蔓长中等，为 1~1.5 m，分枝数中等，基部分枝 8 个，顶端无茸毛。薯块纺锤形，薯皮红色，薯肉白色。

薯块萌芽性好，茎叶生长势强，结薯早而集中，单株结薯 4 个，薯块整齐，结薯率和商品率高。高抗根腐病、抗茎线虫病、高感黑斑病。干物率 32.80%，干基淀粉率 71.40%，粗蛋白 4.07%，可溶性糖 14.53%。淀粉特优特白，食味特优，被农民誉为"栗子香"。

③ 产量表现及利用　河南省甘薯品种区域试验（夏薯）2000—2001 年两年平均鲜薯产量每 667 m² 1 987.8 kg，比对照徐薯 18 增产 16.31%；薯干每 667 m² 610.0 kg，比对照徐薯 18 增产 20.60%；烘干率 31.00%，淀粉率 20.61%。国家北方区域试验，平均鲜薯产量每 667 m² 2 063.0 kg、薯干每 667 m² 606.5 kg，分别与脱毒徐薯 18 原种相当。2002 年国家生产示范，夏薯平均鲜薯产量每 667 m² 2 113.0 kg、薯干每 667 m² 621.6 kg，分别比脱毒徐薯 18 原种增产 7.70% 和 8.12%。该品种抗逆性强、适应性广、淀粉含量较高，有着极其优良的品质和极高的产量，2007 年被全国农技推广中心确定为甘薯产业化示范推广品种之一。

④ 栽培要点　垄作栽培，有利于土层疏松，提高低温，适期早栽，夏栽则越早越好。采用高剪苗和用 1 000 倍的甲基托布津蘸根，栽插密度春薯每 667 m² 3 500~4 000 株，夏薯每 667 m² 4 500~5 000 株。田间管理遵循前期促早发，中期稳长势，后期防早衰。

(2) 济薯 21

① 品种来源　原系号 3 - 2，山东省农业科学院作物研究所从 CHGU1.002×PC94 - 1 杂交后代中育成，2007 年 3 月通过全国甘薯品种鉴定委员会鉴定（国品鉴甘薯 2007001），2008 年通过山东省农作物品种审定委员会审定推广（鲁农审 2008037 号）。

② 特征特性　顶叶绿带褐边，叶片心形，叶绿色，叶脉紫，茎紫色，茎粗 5~6 mm，中长蔓，较细，分枝较多，最长蔓为 150~200 cm。薯皮红色，薯肉黄色，薯形呈纺锤形。

薯块萌芽性中等，长势旺，结薯集中性较好，单株平均结薯3～4个，大中薯率高，抗旱、耐瘠薄、耐肥水，高抗根腐病，中抗茎线虫病，感黑斑病，耐贮藏。薯干洁白，品质好，食味较好。

③ 产量表现及利用 2004—2005 年参加北方薯区全国甘薯品种区域试验，两年鲜薯平均产量为每 667 m² 1 974.6 kg，比对照徐薯 18 增产 3.88%；薯干平均产量为每 667 m² 565.3 kg，比对照徐薯 18 增产 8.25%；烘干率 28.50%，比对照高 0.96%。2006 年国家北方甘薯生产试验，鲜薯平均产量每 667 m² 2 565.1 kg，比对照增产 8.50%；薯干平均产量每 667 m² 784.9 kg，比对照增产 16.90%；烘干率 30.30%，比对照高 2.10%。2007—2008 年参加山东省甘薯品种区域试验，两年平均鲜薯产量每 667 m² 2 389.75 kg，比对照徐薯 18 增产 17.83%，薯干平均产量每 667 m² 784.75 kg，比对照徐薯 18 增产 23.98%。该品种目前是山东省甘薯区域试验的对照品种，在山东省临沂市、枣庄市、济宁市、日照市等地种植面积较大。

④ 栽培要点 适时排种，培育无病壮苗；选择平原旱地或山地丘陵栽植，春薯种植密度为每 667 m² 3 500 株左右，夏薯种植密度为每 667 m² 4 000 株左右；注意防治茎线虫病和地下害虫。

(3) 济薯 25

① 品种来源 原系号济 06210，系山东省农业科学院作物研究所从济 01028 放任授粉的后代中育成。2015 年 8 月通过山东省品种审定委员会审定（鲁农审 2015037 号），2016 年 5 月通过国家品种坚定委员会鉴定（国品鉴甘薯 2016002）。

② 特征特性 顶叶、叶片、叶脉、柄基均为绿色，脉基为紫色，叶形为心脏形，茎蔓长度中等，为绿色，茎基部分枝 6～7 个。薯块呈纺锤形，薯皮红色，薯肉淡黄色。

薯块萌芽性中等，结薯早而集中，单株结薯 3～5 个；高抗根腐病，抗黑斑病，感茎线虫病，抗逆性较强，适应性广，耐贮藏；干物质及淀粉含量高，比对照徐薯 18 高 5.00% 以上，丘陵薄地薯块干物率可达 42.42%；食味中等。

③ 产量表现及利用　该品种淀粉含量高，产量潜力大，较好地解决了高产、高淀粉的矛盾，高产栽培鲜薯产量可超过每 667 m² 4 000 kg，薯干产量可超过每 667 m² 1 500 kg。2012—2013 年山东省区域试验结果，鲜薯平均产量为每 667 m² 2 225.34 kg，比对照徐薯 18 增产 13.21%，居第四位；薯干平均产量为每 667 m² 774.43 kg，比对照徐薯 18 增产 32.54%，居第一位。2014—2015 年国家区域试验，鲜薯产量为每 667 m² 2 500.26 kg，比对照徐薯 18 增产 13.42 %；薯干产量为每 667 m² 901.84 kg，比对照增产 23.49%。淀粉含量高，黏度大，加工品质好，加工的粉条不断条、光滑、耐煮、有弹性；适合加工成淀粉、粉条等。

④ 栽培要点　适合多年重茬无线虫的山地、丘陵地、平原旱地种植，省肥、省钱、省工。生长前期须适时控旺。淀粉薯加工用建议种植每 667 m² 2 800～3 000 株，鲜食用建议种每 667 m² 3 200～3 800 株。不抗黑斑病和茎线虫病，繁种时要选无病地，无病、无伤的薯块排种。栽插时最好采用苗床高剪苗，夏薯采用蔓头苗，可用辛硫磷、阿维菌素等提前穴施预防。

（4）烟薯 23

① 品种来源　原系号烟 04187，山东省烟台市农业科学研究院从冀薯 98 放任授粉后代中育成，2010 年 3 月通过山东省审定委员会审定（鲁农审 2010039）。

② 特征特性　顶叶色、叶色、叶脉色、柄基色、蔓色均为绿色，叶形心脏形，平均分枝 7.1 个，平均蔓长 253 cm，薯块短纺锤形，薯皮红色，薯肉白色。

生长势强，结薯早、膨大快，结薯整齐集中，大中薯率高，为 94.6%。抗根腐病和黑斑病，贮藏性好，抗逆性强，适应性广。烘干率较高，薯干白而平整，纤维量少，口味较好，是一个理想的淀粉加工型品种。

③ 产量表现及利用　2007—2008 年参加山东省甘薯品种区域试验，两年平均鲜薯产量为每 667 m² 2 511.9 kg，比对照徐薯 18 增产 28.0%，薯干产量为每 667 m² 730.5 kg，比对照徐薯 18 增产

21.48%。2009 年生产试验，鲜薯产量为每 667 m² 2 275 kg，薯干为每 667 m² 775.1 kg，分别比对照徐薯 18 增产 27.5%和 20.6%。已推广至河北、山东、江苏、安徽等省种植。

④ 栽培要点　种薯与种苗均要求消毒防病后栽插。春薯一般于 5 月 1 日前后、夏薯于小麦收获后栽插，适宜密度每 667 m² 3 500～4 000 株，及时防治茎线虫病等。机械化收获方式要求栽培的品种薯形不能太长，该品种薯形为短纺锤形，结薯集中且破碎率低，是适合当前机械化收获的理想品种。

(5) 烟薯 24

① 品种来源　原系号烟 04184，山东省烟台市农业科学研究院从冀薯 98 放任授粉后代中育成，2010 年 3 月通过国家品种鉴定委员会鉴定（国品鉴 2010005）。

② 特征特性　叶片心形，顶叶黄绿色，成年叶绿色，叶脉深紫色，茎蔓绿色带紫点。中短蔓，茎蔓粗，分枝数 8～9 个，薯块纺锤形，薯皮紫红色，薯肉乳白色。

萌芽性较好，结薯集中而整齐，单株结薯 4.1 个左右，大中薯率较高，薯干平整，干基淀粉含量较高，较耐贮。抗根腐病，中抗茎线虫病和黑斑病。食味较好，兼用型品种。

③ 产量表现及利用　2008 年参加北方薯区全国甘薯品种区域试验，平均鲜薯产量每 667 m² 2 164.8 kg，比对照徐薯 18 增产 9.06%；薯干产量每 667 m² 639.4 kg，比对照增产 14.4%；淀粉产量每 667 m² 418.5 kg，比对照增产 16.26%。2009 年生产试验平均鲜薯产量每 667 m² 2 370.2 kg，比对照徐薯 18 增产 8.76%；薯干产量每 667 m² 810.4 kg，比对照增产 20.04%；淀粉产量每 667 m² 554.2 kg，比对照增产 23.52%。高产地块产量可达每 667 m² 4 000～5 000 kg。在长江以北薯区推广种植。

④ 栽培要点　栽插前薯苗用 800 倍多菌灵和 200 倍辛硫磷混合药液浸泡根部 10 min，以防止黑斑病和茎线虫病；适时早栽，促早发健壮，促薯块早形成；施足底肥，适当多施磷、钾肥；起垄栽插，适宜密度每 667 m² 3 500～4 000 株；旱灌涝排，及时中耕除

草，防治地下害虫。

（6）烟薯 29

① 品种来源　原系号 09－157，是烟台市农业科学研究院 2009 年从烟薯 24 放任授粉后代中育成。2016 年通过国家甘薯品种鉴定委员会鉴定（国品鉴甘薯 2016001），2017 年获得品种权保护（公告号 CNAO17383E）。

② 特征特性　顶叶黄绿色带紫边，叶片心形，成年叶、叶脉、茎蔓均为绿色；茎蔓较粗，中短蔓，分枝数 6～7 个，薯块纺锤形，薯皮紫红色，薯肉白色。

萌芽性较好，结薯集中，薯块较整齐，单株结薯 4～5 个，大中薯率一般，薯干洁白平整，食味较好，干基淀粉含量较高，食味、淀粉产量均居国家区试首位，干物质率也是区试中最高的。中抗蔓割病和根腐病、高抗茎线虫病。淀粉品质优秀，颜色白，色泽美观，淀粉黏度高，用于制作粉丝粉条不断条。经中国科学院成都生物研究所研究，烟薯 29 淀粉属于慢消化淀粉，用其制作的产品特别适合糖尿病病人食用。

③ 产量表现及利用　2014—2015 年参加国家甘薯北方区域试验，两年鲜薯平均产量每 667 m^2 1 983.1 kg，比对照徐薯 22 减产 8.5％；薯干平均产量每 667 m^2 685.2 kg，比对照增产 10.07％；淀粉平均产量每 667 m^2 469.9 kg，比对照增产 16.37％，所有试点淀粉产量均增产。2015 年生产试验，鲜薯平均产量每 667 m^2 1 955 kg，比对照徐薯 22 增产 6.21％；薯干平均产量每 667 m^2 686.6 kg，比对照徐薯 22 增产 19.39％；淀粉平均产量每 667 m^2 476.1 kg，比对照徐薯 22 增产 24.51％；平均烘干率 35.31％，比对照高 4.12％。该品种不仅淀粉产量较高，而且淀粉品质极为优秀，是一个优质高产品种，适合鲜食、加工淀粉、酿酒等，应用前景较为广阔。

④ 栽培要点　适宜大多土壤类型，尽量选择地势较高、不易积水的地块，效果最好的为轻壤土，能够更好地发挥出品种潜力，轻壤土地比沙土地平均增产 13.6％。垄高以 25～35 cm 为宜，种植密度以每 667 m^2 4 000～4 200 株为宜，尽灯覆盖地膜，

保墒增温。

(7) 徐薯 22

① 品种来源　原系号徐 96-2-2，江苏徐州甘薯研究中心 1995 年从豫薯 7 号×苏薯 7 号杂交后代中育成，2003 年 1 月通过江苏省农作物品种审定委员会审定，2005 年 3 月通过国家甘薯品种鉴定委员会鉴定。曾获农业部中华农业科技一等奖。

② 特征特性　叶、叶色，叶柄色、茎色均为绿色，叶心形带齿，叶脉浅紫色，中长蔓，基部分枝 6～7 个。薯块下膨，纺锤形，薯皮红色，薯肉白色。

薯块萌芽性好，出苗早，苗期生长快，结薯整齐集中，大中薯率高。抗病毒病，中抗根腐病，较抗茎线虫病，不抗黑斑病，耐涝渍。烘干率为 35.7%，淀粉含量高、产量高、适应性广，品质优良，是一个理想的淀粉加工型品种。

③ 产量表现及利用　2002—2003 年参加长江流域薯区甘薯品种区域试验，薯干产量稳居第一位。2002 年平均鲜薯产量每 667 m² 2 307.7 kg，比对照南薯 88 减产 1.9%，薯干产量 731.8 kg 每 667 m²，比对照增产 8.9%；2003 年平均鲜薯产量每 667 m² 1 818.7 kg，比对照南薯 88 减产 7.8%，薯干产量每 667 m² 595.6 kg，比对照增产 8.9%。2004 年参加生产试验，平均鲜薯产量每 667 m² 2 399.86 kg，比对照南薯 88 减产 5.16%，薯干产量每 667 m² 707.19 kg，比对照增产 9.29%。2005 年全国区试淀粉含量比对照品种徐薯 18 和南薯 88 分别提高 11.00% 和 19.07%，薯干产量分别提高 22.94% 和 11.27%。在四川、河南、安徽、湖北、湖南等甘薯主产区广泛种植，满足了甘薯产业对高淀粉、多抗品种的迫切需求。

④ 栽培要点　种植时控制排种量，为 18 kg/m² 左右；种薯药剂处理和种苗高剪苗防治黑斑病；栽插密度春薯每 667 m² 3 500～4 000 株，夏、秋薯每 667 m² 4 000～5 000 株。脱毒种薯使用年限可适当延长，适时抗旱，不宜在感茎线虫病区推广。

(8) 丰收白

① 品种来源　原系号 71-218，江苏省徐州地区农业科学研究

所 1971 年从蓬尾×栗子香杂交后代中育成。

② 特征特性 顶叶和叶片为绿色，叶形心形或略带小齿，地上部茎色，除脉基部为淡褐色外，均为绿色，叶片中等大，茎端茸毛中等，茎粗达 6 mm，节间长达 6 cm，最长蔓长达 177 cm，基部分枝达 13 个。薯皮白色，薯肉白色，薯形呈上膨纺锤形至圆筒形。

薯块萌芽性中等，生长势旺，株形匍匐，结薯较迟，后劲大，单株结薯3～4 个。上薯率高，肥地单块薯重可达 1 kg 左右。春夏薯型，诱导易开花，杂交不亲和群属 B 群。耐旱、耐涝、耐瘠、耐肥性强，适应性广。较抗黑斑病，感根腐病和茎线虫病，地下害虫为害轻，耐贮性中等。薯块烘干率达 24.4%，薯干淀粉含量达 65.06%，可溶性糖达 8.94%，粗蛋白达 4.83%，粗纤维达 3.85%，干茎、叶粗蛋白含量分别为 8.02% 和 21.34%。熟食味较淡。

③ 产量表现及利用 一般鲜薯产量每 667 m² 2 500 kg，鲜薯和薯干产量分别比胜利百号增产 46% 和 33%。山东省烟台地区农业科学研究所用作丰产栽培，鲜食产量每 667 m² 4 500 kg 以上。主要分布在江苏省、安徽省北部、河南省西部、山东省东部丘陵山区，1988 年种植面积达 15.33 万 hm²。据江苏省东海县青饲实验，茎叶多汁无苦味，茎叶生长旺盛，再生力强，多次割蔓对块根产量影响较小，可作为优良的饲用品种。

④ 栽培要点 适宜山岭旱坡地作春薯栽种，栽植密度每 667 m² 2 500～3 000 株。追肥要早，生长中后期如施用氮肥过多，容易徒长。在根腐病区不宜种植。

3. 目前北方种植的食用型及食品加工用品种有哪些?

(1) 济薯 26

① 品种来源 原系号济 08088，山东省农业科学院作物研究所从徐 03 - 31 - 15 放任授粉的后代中育成，2014 年 8 月通过全国甘薯品种鉴定委员会鉴定（国品鉴甘薯 2014002）。

② 特征特性 顶叶黄绿色带紫边，成年叶绿色，叶脉紫色，

茎蔓绿色带紫斑，叶片心形，蔓长中等，茎蔓较粗，分枝数 10 个左右；薯皮红色，薯肉黄色，薯形纺锤形。

萌芽性好，结薯集中，薯块整齐，单株结薯 4 个左右，大中薯率较高；薯干较平整，可溶性糖含量高，糖化速度快，食味优，收获即食风味佳。高抗根腐病，抗蔓割病和贮藏期软腐病，感黑斑病，综合评价抗病性较好。较耐贮，贮藏后粉、糯、香、甜，既可蒸煮，又可烘烤，还可加工成薯脯、速冻薯块等。抗旱、耐盐碱、耐贫瘠，抗重茬能力突出。

③ 产量表现及利用 该品种品质优，增产潜力大，覆膜高产栽培鲜薯产量可达每 667 m² 5 000 kg 以上。2012—2013 年参加国家北方薯区甘薯品种区试，两年平均鲜薯产量为每 667 m² 2 169.1 kg，较对照徐薯 22 增产 8.77%，增产极显著；2013 年国家北方薯区甘薯品种生产试验，鲜薯平均产量为每 667 m² 2 317.4 kg，较对照徐薯 22 增产 14.34%；薯干产量为每 667 m² 595.5 kg，比对照增产 4.92%；淀粉产量为每 667 m² 371.4 kg，比对照增产 2.08%。

④ 栽培特点 适于丘陵和平原旱薄地种植。适时排种，适当稀排；多菌灵浸泡薯块，喷洒苗床周围；最好采用高剪苗，夏薯用采苗圃蔓头苗，尽量不用苗床老苗。7 月底至 8 月底卖商品薯，栽植密度每 667 m² 3 000～3 500 株；10 月中旬收获，栽植密度每 667 m² 3 800～4 500 株。基肥以有机肥为主，建议使用腐殖酸钾肥以增加薯块品质。因口感好，济薯 26 易被茎线虫、蛴螬和金针虫等侵害，尽量选用无以上虫害的地块。结薯位浅，抱团不跑薯，适合机械化收获。

（2）烟薯 25

① 品种来源 原系号烟薯 0579，是烟台市农业科学研究院 2003 年从鲁薯 8 号放任授粉后代中育成，2012 年 3 月份通过全国甘薯鉴定委员会鉴定、山东省农作物品种审定委员会审定推广。

② 特征特性 顶叶紫色，叶片心形浅裂，成年叶、叶脉、柄基和茎蔓均为绿色。中长蔓，分枝数 5～6 个，茎蔓中等粗，薯皮淡红色，薯肉橘红色，薯形纺锤形。

该品种是一个优质、高产、抗病性好的食用型甘薯品种，也是优质的烤薯型品种。薯块萌芽性较好，结薯集中整齐，单株结薯5个左右，大中薯率较高。抗根腐病和黑斑病、中抗茎线虫病、蔓割病、薯瘟病。耐贮性较好。

品质优。干基还原糖和可溶性糖含量较高，国家区试测定分别为5.62和10.34，均居参试品种之首，经测定：烟薯25黏液蛋白为1.12%（以鲜薯计），比对照遗字138高30.2%。食味好，肉色美观漂亮，蒸煮后呈金黄色，其鲜薯胡萝卜素含量为每100 g 3.67 mg。

③ 产量表现及利用　产量高。2010—2011年参加国家北方组区域试验，两年19点次平均鲜薯产量每667 m^2 2 014.6 kg，较对照徐薯22增产1.30%，居第一位；国家生产试验鲜薯产量在宝鸡、济宁、石家庄3个试点均比对照增产，平均鲜薯产量每667 m^2 2 382.0 kg，比对照徐薯22增产8.58%；平均烘干率27.04%，比对照低4.02%；平均淀粉率17.16%，比对照低3.50%。2009—2010年参加山东省区域试验，两年平均鲜薯产量为每667 m^2 2 430.5 kg，较对照徐薯18增产23.88%，居第二位；2011年山东省生产试验鲜薯产量在济宁、日照、泰安、济南、烟台5个试点均比对照增产，鲜薯平均产量每667 m^2 2 495.55 kg，较对照徐薯18增产33.58%。高产地块每667 m^2 产量可达4 000～5 000 kg。适宜作为优质鲜食甘薯品种种植。

④ 栽培要点　种植在排水较好的丘陵地块，尽量不种植在平泊地块。深耕及增施有机肥料，施土粪肥每667 m^2 2 000～3 000 kg 和氮磷钾复合肥每667 m^2 20 kg，尿素每667 m^2 5 kg，硫酸钾每667 m^2 10 kg，以利于薯苗生长和薯块膨大；脱毒快繁，可达到增产、保持种性的目的；种薯与种苗均要消毒防病后再栽植；适时早栽，促早发健壮，促薯块早形成；起垄栽植，斜栽或平栽，禁止直栽，栽植密度一般为每667 m^2 4 000～5 000株；覆盖地膜，可增温保墒，提前上市；生长中后期尽量不浇水，避免导致暴筋、裂皮，降低商品性。生育期保持在145～155 d，旱灌涝排，及时中耕除

草，防治地下害虫。

(3) 烟薯 26

① 品种来源　原系号烟 08－1，是烟台市农业科学研究院 2008 年从烟薯 23 放任授粉后代中育成，2015 年通过山东省农作物品种审定委员会审定（鲁农审 2015038）。

② 特征特性　顶叶黄绿色带紫边，叶片尖心形带齿，成年叶和叶脉绿色，茎蔓绿色带浅紫条斑。中长蔓，茎蔓较粗，分枝数 7 个左右，薯块纺锤形，薯皮红色，薯肉黄色。

萌芽性较好，结薯集中，薯块较整齐，单株结薯 3～4 个，大中薯率较高；薯干较平整，食味中等；抗蔓割病，中抗根腐病、茎线虫病和黑斑病，综合评价抗病性较好。蒸煮食味极佳，甜度、黏度、香味中等，纤维量少，区域试验烘干率为 31.61％，比对照徐薯 18 高 1.88 个百分点；食味优，评分为 75 分，比对照高 7.14％。外观、耐贮性和薯肉颜色均较为理想，是一个食用淀粉两用的优良甘薯品种。

③ 产量表现及利用　2012—2013 年参加山东省区域试验，鲜薯平均产量每 667 m² 2 289.69 kg，比对照徐薯 18 增产 16.48％；薯干平均产量每 667 m² 723.7 kg，比对照徐薯 18 增产 23.86％。2014 年参加山东省生产试验，鲜薯平均产量每 667 m² 2 600.92 kg，比对照徐薯 18 增产 17.99％；薯干平均产量 884.09 kg，比对照徐薯 18 增产 21.06％。在蓬莱市丘陵薄地示范田，采用甘薯高效轻简化栽培技术，干旱的情况下，薯干产量达到每 667 m² 1 027.5 kg（国家甘薯产业体系进行验收数据），比同地块往年普通栽种方法薯干增产 2.3 倍。已推广至河南、河北、山东、江苏、辽宁等省。

④ 栽培要点　深耕及增施有机肥料，施发酵鸡粪每 667 m² 200 kg，氮磷钾复合肥每 667 m² 10 kg，硫酸钾每 667 m² 10 kg，利于薯苗生长和薯块膨大。栽插适宜密度为每 667 m² 3 500～4 000 株。种薯与种苗均要消毒防病后再栽插。

（4）烟薯 28

① 品种来源　原系号烟 01344，是烟台市农业科学研究院 2001 年从烟薯 18 放任授粉后代中育成，2015 年通过山东省农作物品种审定委员会审定（鲁农审 2015040）。

② 特征特性　顶叶、叶片、柄基、茎蔓均为绿色，叶脉色紫、脉基色淡紫，叶片心形带缺刻，茎蔓较粗，平均蔓长 198 cm，分枝数 6.5 个左右，薯形纺锤形，薯皮红色，薯肉橘红色。

萌芽性一般，结薯集中，薯块整齐，单株结薯 4 个左右，大中薯率较高，薯干较平整。耐贮。高抗根腐病、中抗茎线虫病。食味优，食味评分为 85 分，比对照高 21.53%，适宜食用和烤制。

③ 产量表现及利用　2012—2013 年参加山东省区域试验，鲜薯平均产量每 667 m² 2 093.32 kg，比对照徐薯 18 增产 6.49%，平均烘干率 28.44%，比对照低 1.29%。2014 年参加山东省生产试验，鲜薯平均产量每 667 m² 2 462.84 kg，比对照徐薯 18 增产 11.72%。适宜淮河以北薯区种植。

④ 栽培要点　应早育苗，高温催芽。深耕及增施有机肥料，施发酵鸡粪每 667 m² 200 kg，氮磷钾复合肥每 667 m² 10 kg，硫酸钾每 667 m² 10 kg，利于薯苗生长和薯块膨大。栽插适宜密度为每 667 m² 3 500～4 000 株。种薯与种苗均要消毒防病后再栽植。

（5）普薯 32

① 品种来源　社会上命名西瓜红，由广东省普宁市农业科学研究所 2001 年从普薯 24×徐薯 94/47-1 杂交后代中育成，2012 年 6 月通过广东省农作物品种审定委员会审定（粤审薯 2012002）。

② 特征特性　顶叶紫色，叶心形，叶片较大，叶脉绿色；茎较粗，呈绿色；株型匍匐型，分枝性中等，蔓长中等；结薯集中，单株结薯 5～6 个，薯块纺锤形，薯皮鲜红色，薯肉橘红色。

薯块萌芽性好，长势旺盛，早熟丰产性突出，增产幅度大，稳产性好，薯块干物率 30% 左右；胡萝卜素含量高；口感糯甜，食味优，耐贮藏，薯瘟病大田鉴定为中抗、室内鉴定为中感。薯皮光滑细腻，卖相好，商品价值高，属中熟鲜食品种。

③ 产量表现及利用 2010—2011 年参加广东省高胡萝卜素组区试,产量和品质均优于对照种。2010 年鲜薯平均产量每 667 m² 2 327 kg,比对照种广薯 111 增产 32.50%,达极显著水平,居参试品种首位;干薯平均产量每 667 m² 674.2 kg,比对照种增产 34.54%,达极显著水平,居参试品种首位。干物率 29.33%,食味 80.2 分,淀粉率 19.847%,胡萝卜素含量每 100 g 20.76 mg。2011 年鲜薯平均产量每 667 m² 2 279 kg,比对照种广薯 111 增产 20.45%,达极显著水平,居参试品种首位;干薯平均产量每 667 m² 675.2 kg,比对照种增产 25.89%,达极显著水平,居参试品种首位。干物率 29.33%,食味 80.7 分,淀粉率 17.93%,胡萝卜素含量每 100 g 13.84 mg。该品种适应性好,薯形美观、价值高,可提早上市提供淡季供应,深受消费者和种植大户欢迎,成为各大超市、酒店、出口商的抢手货,具有广阔的市场前景。

④ 栽培要点 6 月上中旬栽植,10 月上中旬收获,生育期 120 d,春栽生育期 150 d 左右。春植夏收薯熟食味甘松甜,比秋植冬收薯甘甜更优。培育壮苗,种植时采用顶端第一段壮苗,种植密度每 667 m² 3 000 株左右。要实行水旱轮作,避免田间积水,雨后要及时排水。栽后 35 d 左右使用硫酸钾型复合肥每 667 m² 15 kg＋腐熟鸡粪每 667 m² 每 100 kg 作为"夹边肥"。栽后 90～110 d 可收获,应在垄土干燥时选择晴天进行。适合非薯瘟病片甘薯产区种植。

(6) 龙薯 9 号

① 品种来源 原系号 Ⅰ 20 - 2,系福建省龙岩市农业科学研究所 1998 年从岩薯 5 号×金山 57 杂交后代中育成。2004 年通过福建省农作物品种审定委员会审定(编号闽审薯 2004004),2018 年通过农业农村部品种登记[GPD 甘薯(2018)350047]。

② 特征特性 顶叶绿色,叶心形带齿,叶脉、脉基、柄基均为淡紫色,叶、叶柄、蔓均为绿色;蔓粗中等,蔓长 80～100 cm,单株分枝 8～10 条,株型半直立,薯块纺锤形,薯皮红色,薯肉橘红色。

薯块萌芽性中等,长苗快,茎叶生长势较旺,丰产性特好,结薯特早，结薯集中整齐，单株结薯数 5 个左右，大中薯率高，晒干率 22% 左右，出粉率 10% 左右，耐贮藏性中等，食味软、甜，为烘烤用的上等品种。高抗蔓割病，高抗薯瘟Ⅰ型，高感薯瘟Ⅱ型。耐旱，耐涝，耐瘠薄，耐寒性较强，适用性特强。

③ 产量表现及利用　2001—2002 年参加福建省甘薯新品种区试，两年平均鲜薯产量达每 667 m² 3 786.85 kg，比对照金山 57 增产 47.62%，薯干产量每 667 m² 805.3 kg，比对照增产 20.28%，鲜产、干产均居参试品种首位；2003 年生产示范试验，惠安点、莆田点鲜薯产量分别为每 667 m² 3 014.4 kg 和每 667 m² 3 309.1 kg，分别比对照金山 57 增产 0.2% 和 56.3%。该品种增产幅度大，高产、稳产，已在福建、河南、河北、山东、安徽、湖北、新疆等地栽种。

④ 栽培要点　选择脱毒甘薯种苗。早薯一般在 5 月上中旬，秋薯扦插期在立秋前，扦插密度为每 667 m² 3 500～4 000 株为宜。施足基肥，早施结薯肥和壮薯肥，重施"夹边肥"，后期看茎叶生长情况酌情追施"裂缝肥"或根外追肥。注意防治病虫害，中后期注意防治斜纹夜蛾等食叶害虫。结薯特早，比同期栽培的甘薯可提前 15 d 上市。适时收获，全生育期不宜超过 130 天。适宜非薯瘟重病区推广种植。

（7）苏薯 16

① 品种来源　原系号苏 L43 - 8，系江苏省农业科学院粮食作物研究所 2004 年从 Acadian×南薯 99 杂交后代中育成，2012 年通过江苏省甘薯品种鉴定（苏鉴薯 201201），2018 年通过农业农村部品种登记 [GPD 甘薯（2018）320053]。

② 特征特性　顶叶绿色，叶脉绿色，叶片心形，叶色和茎色均为绿色，短蔓型，单株分枝数 10 个左右。薯形下膨，短纺锤形，薯皮紫红色，薯肉橘红色。

薯块萌芽性好，出苗量多，薯块整齐，单株结薯数 4～5 个。高抗蔓割病，抗黑斑病，中抗根腐病，耐贮藏。干物率为 27.7%，总可溶性糖为 4.46%，鲜薯胡萝卜素含量 39.1 mg/kg，熟食品酬，味香，肉质细腻，风味浓郁，粗纤维少，品质优，是优良的鲜食烘烤型甘薯品种。

③ 产量表现及利用　2009—2010 年参加江苏省甘薯新品种区域试验，两年平均鲜薯产量为 每 667 m² 2 067.63 kg，比对照品种苏渝 303 增产 3.79%；两年平均薯干产量为每 667 m² 578.75 kg，比对照品种苏渝 303 增产 7.78%；两年平均烘干率为 27.73%。2011 年江苏省生产试验，平均鲜薯产量为每 667 m² 1 995.98 kg，比对照品种苏渝 303 增产 8.06%，薯干平均产量 每 667 m² 517.71 kg，比对照品种苏渝 303 增产 7.73%。该品种产量高，薯形光滑，色泽鲜艳，商品性好，熟食品质优，2015 年在"全国鲜食甘薯品种擂台赛"获冠军。已在江苏、安徽、重庆、江西、湖南、河南、河北、浙江等省得到大面积推广应用。

④ 栽培要点　排种量以 20 kg/m² 左右为宜。耐肥品种，适宜在中等肥力以上田块种植，在丘陵薄地上栽植应施足基肥，肥料以氮磷钾复合肥为佳，施用量一般为每 667 m² 40 kg，另配合增施硫酸钾每 667 m² 10 kg。可作春、夏薯种植，春薯栽插密度为每 667 m² 3 300～3 500 株，夏薯栽插密度为每 667 m² 3 500～4 000 株。栽后及时中耕松土，以利于块根的形成和膨大，防止涝害、渍害的发生。宜采用综合措施，防止病害发生。

(8) 广薯 87

① 品种来源　广东省农业科学院作物研究所从广薯 69 集团杂交后代中育成，2006 年通过国家甘薯品种鉴定委员会鉴定和广东省农作物品种审定委员会审定（粤审薯 2006002）。

② 特征特性　顶叶、叶、叶柄、茎均为绿色，叶形深复缺刻，叶脉浅紫色，株型半直立，中短蔓，蔓粗中等，单株分枝数 7～11 条，薯块下膨，纺锤形，薯皮红色，薯肉橙黄色，薯身光滑、美观。

薯块萌芽性好，结薯早，耐干旱，结薯集中，薯块均匀，单株结薯 5～9 个，大中薯率 76%，抗蔓割病，中抗薯瘟病，耐贮性好。干物率 28.5%，食味 82.0 分，淀粉率 19.75%，蒸熟食味香、薯香味浓，口感好。

③ 产量表现及利用　2004 年参加广东省甘薯品种区域试验，鲜薯平均产量为每 667 m² 2 330 kg，比优质对照广薯 111 增产 29.91%，薯干平均产量每 667 m² 657.1 kg，比对照增产 24.12%；2005 年复试，鲜薯平均产量为每 667 m² 2 475 kg，比对照广薯 111 增产 25.35%，薯干平均产量每 667 m² 709.6 kg，比对照增产 22.02%。2004—2005 年参加国家（南方）区试，鲜薯平均产每 667 m² 2 387.1 kg，比对照种金山 57 增产 5.18%；薯干平均产量每 667 m² 711.89 kg，比对照种增产 19.18%；生产试验结果，鲜薯平均产量每 667 m² 2 614.3 kg，比对照品种金山 57 增产 8.13%；薯干平均产量每 667 m² 785.41 kg，比对照品种增产 33.27%。高产稳产，适应性较广，各地水旱田种植，是广东省最受欢迎的主导品种之一。

④ 栽培要点　选择水肥条件好、土层深厚、土壤疏松的地块种植；适时早栽，宜采用平插法，栽插密度每 667 m² 3 600～4 000 株；早施肥早培土，宜采用重施基肥、适时施用点头肥、夹边肥，看苗补施裂缝肥的原则，促进茎叶早生快发，一般施纯氮每 667 m² 11 kg，氮、磷、钾比例 1∶0.5∶1.5，生育期 120～140 d，注意防治病虫害。

（9）遗字 138

① 品种来源　中国科学院遗传研究所 1956 年从胜利百号×南瑞苕杂交后代中选育而成。

② 特征特性　顶叶和叶色淡绿，叶形为浅复缺刻，叶片中等大，叶脉淡绿，脉基略带红色，茎淡绿色，茎粗 6 mm，茎端茸毛多，最长蔓长 314 cm，基部分枝 8～10 个，属匍匐型品种。薯皮红褐色，薯肉橘红色，薯形下膨，长纺锤形。

薯块萌芽性中上，出苗多，栽后缓苗快，生长势中等，结薯集中整齐。杂交不亲和群属于 B 群。耐肥、耐渍性好，耐贮藏，抗茎线虫病。薯块烘干率达 25.1%，薯干淀粉含量达 61.51%，可溶性糖达 9.22%，粗蛋白质达 4.86%，粗纤维达 3.59%，每 100 g

鲜薯中胡萝卜素含量达 2.338 mg，熟食细软甜面，食味好，是人们喜食的烘烤型品种之一。

③ 产量表现及利用　鲜薯单产较胜利百号增产 30％以上，高产可达 3 000 kg 以上，是优良的熟食、烘烤和食用加工用品种。在北京、河北、河南、安徽和山东等省份均有种植，年种植面积在 7 万 hm² 以上。

④ 栽培要点　适应性广，平原肥地、瘠薄丘陵山地均可种植。适宜作为春、夏薯栽培，深耕高垄，栽植密度每 667 m² 4 000～5 000株。耐肥、耐渍性较好，氮肥不宜过大，否则容易引起徒长。

4. 目前北方种植的紫薯食用及加工用品种有哪些?

(1) 济紫薯 1 号

① 品种来源　原系号为济 02 146，山东省农业科学院作物研究所 2001 年从 Ayamurasaki 放任授粉的后代中育成，2012 年 3 月通过山东省品种审定委员会审定，2015 年 3 月通过全国品种鉴定委员会鉴定。

② 特征特性　顶叶、叶片均为绿色，偶带褐边，叶形心形，叶脉绿色，蔓中长，粗细中等，蔓色绿，茎粗 7 mm，最长蔓为165～177 cm，茎端无茸毛，节间长 4 cm，基部分枝 6～7 个。薯形下膨，纺锤形，薯皮紫黑色，薯肉紫黑色。

薯块萌芽性中等，结薯早而集中整齐，中期膨大快，耐旱、耐瘠、适应性广，抗根腐病、黑斑病，耐贮性好。烘干率 39.57％，口感好，鲜薯蒸煮后粉而糯，有玫瑰清香，风味独特。

③ 产量表现及利用　该品种突出特点是花青素含量高，每 100 g鲜薯中花青素含量 90～126 mg，是国内花青素含量最高的紫薯品种，适合加工色素，制作全粉、薯泥、速冻薯块等。增产潜力大，高产栽培鲜薯产量可达每 667 m² 3 000 kg。2009—2010 年参加山东省甘薯品种区域试验，两年区试鲜薯平均产量为每 667 m² 1 783.45 kg，比对照徐薯 18 减产 11.87％，薯干平均产量为每 667 m² 707.25 kg，比对照徐薯 18 增产 3.95％。2011 年生产试验，鲜薯产量为每 667 m²

1 672.3 kg，比对照徐薯 18 减产 10.50%；薯干产量为每 667 m^2 638.1 kg，比对照增产 10.70%。适应能力强，可在北方春薯区、黄淮流域春夏薯区、长江流域夏薯区、南方夏秋薯区种植。

④ 栽培要点　适宜透气性好的丘陵、平原旱地种植。一般大田春薯适宜栽插密度为每 667 m^2 2 800～3 500 株，夏薯每 667 m^2 3 500～4 500株。在肥水管理上应注意氮、磷、钾的配合使用，苗期严格控制甘薯茎线虫病的为害，夏薯留种田尽量选用无病害生茬地，适期早栽，贮藏期间注意窖内保温保湿。

（2）烟紫薯 3 号

① 品种来源　原系号烟薯 0747，系山东省烟台市农业科学研究院从冀薯 98 放任授粉后代中育成，2014 年 3 月通过国家品种鉴定委员会鉴定（国品鉴甘薯 2014004）。

② 特征特性　叶片心形带齿，顶叶绿色，成年叶绿色，叶脉和茎蔓紫色，长蔓，茎蔓中等粗，分枝数 8 个左右，薯块长纺锤形，紫皮紫肉。

萌芽性较好，结薯较集中，薯块整齐，单株结薯 4 个左右，大中薯率高，较耐贮；高抗蔓割病，中抗根腐病和黑斑病，高感茎线虫病；花青素含量适中，食味较好，食味评分居国家区试第一位，是一个优质的食用型紫薯品种。

③ 产量表现及利用　该品种解决了紫甘薯品种一直以来产量较低的问题，也解决了紫薯高产与优质间的矛盾，是一个优质、高产、抗病的食用型紫甘薯品种。2012 年参加国家甘薯品种北方特用组区域试验，平均鲜薯产量每 667 m^2 2 153.2 kg，较对照增产 27.57%，居第一位；平均薯干产量每 667 m^2 596.6 kg，较对照增产 36.06%，居第一位；平均烘干率 27.71%，比对照高 1.73%；每 100 g 鲜薯花青素平均含量为 14.40 mg。国家生产试验，平均鲜薯、薯干和淀粉产量每 667 m^2 分别为 1 435.0 kg、425.3 kg 和 278.7 kg，分别比对照增产 17.22%、14.76% 和 13.99%；平均烘干率为 29.64%，比对照低 0.63 个百分点。已在淮河以北薯区、山东、辽宁、河北、河南等种植。

④ 栽培要点　栽插密度每 667 m² 3 500～4 000 株。深耕及增施有机肥料，每 667 m² 施土杂粪 800 kg，氮磷钾复合肥 25 kg，硫酸钾 20 kg；种薯与种苗均要消毒防病后再栽植；旱灌涝排，及时中耕除草，防治地下害虫。

(3) 烟紫薯 4 号

① 品种来源　原系号烟薯 10310，系山东省烟台市农业科学研究院从浙薯 81 放任授粉后代中育成，2016 年 1 月通过全国甘薯品种鉴定委员会鉴定（国品鉴甘薯 2016010）。

② 特征特性　食用、色素两用型品种，萌芽性较好，长蔓，分枝数 8.2 个左右，茎蔓粗中等；叶片浅缺，顶叶绿色带紫边，成年叶、叶脉和茎蔓均为绿色；萌芽性好；耐贮性较好；薯块纺锤形，紫皮紫肉，结薯较集中，薯块较整齐，单株结薯 4.9 个左右，大中薯率较高；食味较好；两年区试平均烘干率 30.3%，比对照宁紫 1 号高 4.3 个百分点；两年平均每 100 g 鲜薯中花青素含量 45.27 mg；抗蔓割病，感根腐病、茎线虫病和黑斑病。

③ 产量表现及利用　2014—2015 年参加国家甘薯品种北方特用组区域试验，2014 平均鲜薯产量每 667 m² 2051.5 kg，比对照宁紫薯 1 号增产 18.56%；薯干产量每 667 m² 615.7 kg，比对照增产 37.99%。2015 年续试，平均鲜薯产量每 667 m² 1 900.0 kg，比对照宁紫薯 1 号减产 1.75%；薯干产量每 667 m² 582.5 kg，比对照增产 14.78%。2015 年生产试验平均鲜薯产量每 667 m² 2 081.8 kg，比对照宁紫薯 1 号增产 11.37%；薯干产量每 667 m² 629.9 kg，比对照增产 13.78%。已在北方薯区作为食用、色素两用型紫薯推广种植。

④ 栽培要点　深耕及增施有机肥料，施发酵好有机肥料土杂粪每 667 m² 400～500 kg，氮磷钾复合肥每 667 m² 20 kg，硫酸钾每 667 m² 20 kg，以利于薯苗生长和薯块膨大；每 667 m² 宜栽植密度为 3 500～4 000 株；种薯与种苗均要消毒防病后再栽植；旱灌涝排，及时中耕除草，防治地下害虫。注意防治黑斑病。

(4) 徐紫薯 8 号

① 品种来源　江苏省徐州市农业科学研究所 2012 年从徐紫薯

3 号×万紫 56 杂交后代中育成。2018 年通过农业农村部品种登记 [GPD 甘薯（2018）320033]。

② 特征特性　顶叶色为黄绿色带紫边，成年叶绿色，叶脉浅紫色，叶片深缺刻，茎蔓绿色带紫斑，顶端无茸毛，茎蔓中长、较细，多分枝，薯块纺锤形，薯皮紫色，薯肉紫色。

薯块萌芽性好，出苗多且整齐，结薯集中薯块整齐，单株结薯 3~4 个，大中薯率高，商品性好。中抗根腐病，不抗茎线虫病和黑斑病。早熟性好，鲜食食味好，抗旱耐盐碱，较耐贮藏。每 100 g 鲜薯中花青素含量高达 110 mg，干基粗蛋白含量为 6.27%，蒸煮口感香、糯、粉、甜，食味优，是一个不可多得的通用型紫甘薯品种。

③ 产量表现及利用　2014—2015 年参加徐州市鉴定试验，2016—2017 年参加江苏省联合鉴定试验，2017 年参加长江中下游薯区多点鉴定试验，4 年平均鲜薯产量 每 667 m² 2 074 kg，较对照宁紫薯 1 号增产 20.43%；平均薯干产量每 667 m² 606 kg，较对照增产 40.11%；平均淀粉产量每 667 m² 395.3 kg，较对照增产 48.17%；平均烘干率 29.21%，比对照宁紫薯 1 号高 4.10%；平均淀粉率 19.05%，比对照高 3.57%。该品种适宜种植区域广泛，西北到新疆、南到海南岛均可以种植。鲜薯产量高，在新疆中部、内蒙古南部、河北、河南、山东、江苏、湖北、湖南、江西、福建等地种植，春薯产量可达每 667 m² 3 500 kg 左右，夏薯产量在每 667 m² 2 500 kg 左右，黄淮地区可作两季甘薯种植。加工品质优良，用途广泛，适宜做紫薯全粉、速溶全粉、速冻薯丁、薯泥、紫薯馅、紫薯果脯等。可酿紫薯干红酒，经国际二级品酒师品鉴，口感评分 90 分。茎尖、叶片、叶柄可兼做菜用，叶片具有特殊的保健作用。该品种较好地解决了紫薯产量低、口味差的缺点，有广阔的种植和利用前景。

④ 栽培要点　适应能力很强，对土壤要求不甚严格。按照 20 kg/m² 的密度排种，可通过早育苗、育壮苗等方式促进幼苗快速成活，以提高甘薯的产量。养分管理遵循"减氮、控磷、增钾"

的原则，做鲜食用时施氮磷钾（10∶10∶20）复合肥每 667 m^2 20 kg，做加工用时用量加倍。生育期 80～90 d 即可收获。注意防治茎线虫病和黑斑病，不宜在根腐病重发地种植。

5. 烟台市农业科学研究院曾经育成的优秀品种有哪些？各有什么特点？

(1) 鲁薯 2 号

① 品种来源　原系号 77－600，又名烟薯 12，系山东省烟台市农业科学研究院于 1977 年以烟薯 3 号为母本，经自由授粉的后代中选育而成。1986 年 7 月通过山东省农作物审定委员会审定。

② 特征特性　顶叶绿色，叶形尖心形或浅裂单缺刻，叶绿色，叶片中等大，叶脉、脉基和柄基均为紫色，茎绿色，茎粗 5 mm，最长蔓长 158 cm，茎端茸毛多，节间长 5 cm，基部分枝 10～12 个。薯皮紫红色，薯肉淡黄色，薯形呈纺锤形。

薯块萌芽性中等，出苗数量少，幼苗生长势强，栽后发根还苗快，结薯早而集中，杂交不亲和群属 B 群。封垄早，抗旱、耐瘠性较强，高抗黑斑病，抗根腐病，较抗茎线虫病。薯块烘干率 26.6%，薯干淀粉含量达 60.20%，可溶性糖达 14.96%，粗蛋白质达 4.56%，粗纤维达 3.41%。

③ 产量表现及利用　1983—1984 年参加了省甘薯品种区域试验。春薯平均鲜薯每 667 m^2 2 788.2 kg，薯干每 667 m^2 793.9 kg，比对照种薯徐薯 18 增产 18.6% 和 10.1%，居参试品种首位。夏薯平均鲜薯每 667 m^2 1 957.9 kg，比对照增产 3.0%，薯干每 667 m^2 505.7 kg，比对照减产 5.5%。1985 年春薯生产试验，薯干比对照徐薯 18 平均增产 12.3%。因甜度高，食味佳，宜作烘烤、果脯等食用。主要分布在山东省烟台市、青岛市、威海市，辽宁省大连市和河北省平原县等地。

④ 栽培特点　适应山丘、平原地种植，春夏栽皆宜。主要表现：一是结薯早，耐寒性强。在内蒙古自治区的呼和浩特、包头、集宁等高寒地区（海拔 1 420 m，北纬 42°）种植成功，鲜薯达每

667 m² 1 500～3 000 kg，把甘薯种植的界限向北推移到北纬 42°，受到我国农业农村部和国际马铃薯中心的重视。适合在我国较高寒地区种植。二是产量高。经山东省区域试验结果，鲁薯 2 号鲜薯产量比徐薯 18 增产 18.6%，居供试品种第一位。三是品质好，甜度很高。每 100 g 鲜薯含维生素 C 20.56 mg。薯皮紫红色，薯肉黄色，薯块整齐、美观，干物率 28.5%。四是抗病性强。抗根结线虫病和茎线虫病。

(2) 鲁薯 3 号

① 品种来源　原系号 79‐555（含 79‐709），又名烟薯 13，系山东省烟台市农业科学研究所和五莲县农业局 1978 年从徐薯 18×美国红杂交后代中选育而成的。1989 年通过山东省农作物品种审定委员会审定推广。

② 特征特性　顶叶绿色，叶尖心形，地上部茎叶均为绿色，叶片较大，茎端茸毛多，最长蔓长 213 cm，基部分枝 10 个；薯皮紫红色，薯肉白色，薯块纺锤形。

薯块萌芽性较优，出苗数量较多。苗粗壮，栽后返苗快，分枝封垄早，田间长势强，蔓叶增重快，薯块后期膨大快。抗茎线虫病、根腐病、黑斑病和根结线虫病，抗旱耐瘠性强，适应山地生长，但耐涝性差，耐贮藏。薯块烘干率 25.9%，薯干淀粉含量 63.39%，可溶性糖 7.82%，粗蛋白质 4.78%，粗纤维 4.28%，茎、叶粗蛋白质含量分别为 10.89% 和 26.02%。

③ 产量表现及利用　适合在茎线虫病、根腐病、黑斑病、根结线虫病病害同时为害的地块应用，且是重要的抗病、抗旱骨干亲本材料。增产显著，产量一般为每 667 m² 2 000～3 000 kg。茎叶产量高，较徐薯 18 高 57%，茎叶蛋白质含量较高，茎叶增重快，具有饲用价值。主要分布于山东省烟台市、青岛市、潍坊市、临沂市、泰安市，河南省洛阳市和河北省卢龙县等地。目前河北省卢龙县和秦皇岛地区仍有较大种植面积，冠以地方名称为腾飞。

④ 栽培特点　适合山丘有一种或多种病害同时发生的地块栽种，育苗宜采用高温催芽法，以利早萌芽、多出苗。主要特点是抗

4 种病害，在病区增产明显，是山东省重点推广的良种之一。这种能抗多种病害的品种，在国内尚属首创，填补了国内空白。具体表现如下：

一是抗茎线虫病。经山东省区域试验鉴定，病情指数为 27.05％，对照种徐薯 18 为 82.15％，防病效果达到 67.07％。二是抗根腐病。山东省区域试验结果，病情指数为 32.95％，对照品种徐薯 18 为 27.9％。三是抗黑斑病。经山东省区域试验鉴定，病情指数为 37.30％，对照品种徐薯 18 为 76.45％。四是抗根结线虫病。经山东省区域试验鉴定，病情指数是 27.30％，抗病对照品种徐薯 18 为 22.50％，感病对照品种青农 11 为 90.30％。在茎线虫病地比徐薯 18 增产 101.19％，在 3 种病害（茎线虫病、根腐病、黑斑病）混合造成危害的地块其鲜薯产量比徐薯高 204％。

（3）鲁薯 5 号

① 品种来源　原系号 77－102，山东省烟台市农业科学研究所从蓬尾×烟薯 6 号杂交后代中选育而成。1989 年 5 月通过山东省农作物品种审定委员会审定推广。

② 特征特性　顶叶绿色，叶形浅裂复缺刻，叶绿色，叶脉淡紫色，柄基紫色，最长蔓长 120 cm，茎粗 5 mm，基部分枝 7 个。薯皮淡红色，薯肉白色，薯形下膨，纺锤形。

薯块萌芽性优，出苗数多而整齐，薯苗粗壮，分枝多，株型疏散，前期生长势中等，封垄后生长势增强，结薯早而集中，后期薯块日增重量大。薯块整齐度好，上薯率高。诱导开花性中等，杂交不亲和群属 B 群。抗旱、耐瘠性好，适应性广，抗黑斑病和根腐病。烘干率 31.9％，薯干淀粉率 67.05％，每 100 g 鲜薯中维生素 C 含量 33.5 mg，食味好。

③ 产量表现及利用　在 1986—1987 年山东省甘薯新品种区域试验中，两年春薯鲜薯每 667 m² 2 654.6 kg，比对照种烟薯 3 号增产 25.3％；薯干每 667 m² 788.4 kg，比对照种烟薯 3 号增产 5.7％。夏薯每 667 m² 2 090.1 kg，比对照种增产 17.0％；薯干每 667 m² 539.8 kg，比对照种增产 2.7％。1988—1989 年北方薯区区

试中，鲜薯、薯干、淀粉单产均居首位，分别较推广种增产20.1%、12.9%和13.8%，制作粉条、粉丝洁白，韧性好，耐煮。20世纪80年代主要分布在山东省烟台市、威海市、青岛市等地。

④ 栽培要点　适于丘陵地种植，春、夏栽均可。因茎蔓稍细，叶的生长总量较小，应合理密植，春薯栽植密度每 667 m^2 4 500株，夏栽每 667 m^2 5 000 株以上为宜。

(4) 鲁薯 6 号

① 品种来源　原系号 80 - 64，系山东省烟台市农业科学研究所以 76 - 827 为母本、烟薯 8 号为父本杂交选育而成。1992 年通过山东省农作物品种审定委员会审定。

② 特征特性　顶叶色、叶色、蔓色均为绿色，茎粗，分枝多，叶形心形，叶片空间配置合理，光能利用率较高。薯块纺锤形，薯皮浅红色，薯肉淡绿色。

蔓叶生长前期生长较快，后期能维持较大的叶面积。薯干率30%左右，淀粉率20%左右。具有较强的抗旱性和耐涝性，较耐寒，适应性广。生育期略长。适宜山东、辽宁等省甘薯主产区作春薯种植。

③ 产量表现及利用　1990—1991 年山东省甘薯新品种区域试验，两年春播平均鲜薯每 667 m^2 3 034.5 kg，产薯干每 667 m^2 762.6 kg，分别比对照种徐薯 18 增产 40.4%、11.9%；夏薯平均每 667 m^2 2 137.3 kg，产薯干每 667 m^2 486.2 kg，鲜薯比徐薯 18 号增产 15.2%，薯干减产 9.1%。1991 年在山东省甘薯新品种生产试验中，春薯平均鲜薯每 667 m^2 3 717.1 kg，比对照种丰收白增产 39.2%；薯干平均每 667 m^2 1 161.9 kg，增产 42.5%。

④ 栽培要点　采用高温育苗法，薯块上床后用 32 ℃催芽，以利多出芽苗。适宜的栽植密度为每 667 m^2 4 000～4 500 株。该品种对肥水要求不严格，可在各种肥力条件的地块种植。因其耐寒性较好，春栽可较一般品种适当提前。

(5) 烟薯 16

① 品种来源　原系号 90 - 250，山东省烟台市农业科学研究院

1989 年从台农 57 放任授粉后代中育成。1998 年 4 月通过山东省品种审定委员会审定。

② 特征特性 顶叶色、叶色、蔓色均为绿色，叶形心形带齿，叶脉色浅紫，茎粗 6 mm，茎端茸毛中等，最长蔓为 150 cm，节间长 5 cm，基部分枝 7～8 个，薯皮红色，薯肉白色，薯形呈短纺锤形。

薯块萌芽性较优，出苗多，缓苗快，生长势适中。结薯整齐集中，晒干率在山丘地可达 37.4%，鲜薯淀粉率达 24.75%，加工出的淀粉细腻、洁白。食味佳，高抗根腐病，抗茎线虫病，特耐贮藏，适应性广，综合性状优良。

③ 产量表现及利用 超高产，1998 年 10 月高产田验收，鲜薯最高产量达每 667 m² 6 023.0 kg，折薯干每 667 m² 1 987.6 kg，创北方薯区薯干高产纪录。单株最重达 53.7 kg，单块最重达 23.1 kg，均超过吉尼斯世界纪录。山东省区域试验结果鲜薯较对照徐薯 18 增产 17.0%，薯干增产 15.7%，均居首位。稳产性好，烟台地区 1998 年降水量特别多，平均产量仍在每 667 m² 3 600 kg，比对照种徐薯 18 增产 32%，比丰收白增产 42%；1999 年降水量特少，平均每 667 m² 3 400 kg，比徐薯 18 增产 40%，比丰收白增产 50%。该品种抗旱、耐涝，是一个高产、优质、抗病的高淀粉甘薯品种，加工的粉丝、粉皮大量出口日本、美国等，冷冻薯块、全薯粉、超微粉、薯脯、薯条也深受国内外客商青睐。2000 年 10 月获国家新品种后补助二等奖。宜在长江以北地区种植，目前已在山东省各地，河北省石家庄，辽宁省朝阳、大连，安徽省怀远，河南省新乡等地广泛推广。

④ 栽培要点 可在土层深厚、排水良好的土壤中种植，春夏栽植均可，种植密度为每 667 m² 3 500～4 500 株。该品种薯形下膨，机械收获破碎率低，可节省人力，提高机械收获效率。注意加强病虫害防治。

(6) 烟薯 18

① 品种来源 原系号 93 - 251，系山东省烟台市农业科学研究

院 1992 年从鲁薯 3 号×红肉红杂交后代中育成。2002 年 3 月通过国家农作物品种审定委员会审定。

② 特征特性 顶叶绿色，叶绿色，叶形心脏形，叶脉浅紫，柄基及蔓均为绿色，蔓长中等，最长蔓为 140 cm，生长势较强，结薯集中，薯块整齐，薯皮鲜红色，薯肉橘红色，薯形呈纺锤形。

薯块萌芽性好，出苗多，高抗根腐病，中抗黑斑病。结薯早，适应性广，贮藏性好。烘干率为 24.7%；可溶性糖为 4.64%，比徐薯 18 高 51.6%；每 100 g 鲜薯中胡萝卜素含量为 5.05 mg，比北京 553 高 2.56 倍，食味好。

③ 产量表现及利用 1998—1999 年北方薯区甘薯新品种区域试验，鲜薯平均单产为每 667 m² 2 154.7 kg，比对照徐薯 18 增产 17.6%；2001 年参加北方薯区甘薯新品种生产试验，鲜薯平均单产为每 667 m² 2 597.4 kg，比对照徐薯 18 增产 28.76%。多年多点示范试验，鲜薯平均单产为每 667 m² 2 850 kg，比对照徐薯 18 增产 34.62%，比北京 553 增产 39.5%，品质优良，中等干率，适于鲜食，最适烤薯用。已在山东省各地，河北省石家庄市，辽宁省朝阳市、大连市等地广泛推广。

④ 栽培要点 可在无茎线虫病、土层深厚、排水良好土壤中种植，以春栽较好。种植密度为每 667 m² 3 500~4 000 株，注意加强病虫害防治。

(7) 烟薯 20

① 品种来源 原系号 96-367，山东省烟台市农业科学研究院 1995 年从烟 550 放任授粉后代中育成。2004 年 3 月通过全国甘薯品种鉴定委员会鉴定。

② 特征特性 顶叶和叶色均为绿色，叶形心形带齿，分枝中等，叶脉紫色，茎绿色带紫斑，蔓长中等，最长蔓为 180~190 cm。薯皮红色，薯肉淡黄色，薯形呈长纺锤形。

薯块萌芽性好，结薯集中，薯块整齐，抗黑斑病，中抗根腐病，感茎线虫病。贮藏性好。平均烘干率 33.47%，比对照徐薯 18 高 4.2 个百分点；淀粉率为 64.08%，比对照徐薯 18 高 2.2%，属优质高淀粉型品种。食味中上。

③ 产量表现及利用 2000—2001 年参加全国北方薯区甘薯区域试验，薯干产量居 8 个参试品种第二位。在郑州市、阜阳市和济南市 3 个试点均比对照增产，鲜薯平均产量为每 667 m^2 1 902.7 kg，比对照增产 8.0%；薯干平均产量为每 667 m^2 544.6 kg，比对照增产 1.1%。2002 年参加全国北方薯区生产试验，平均鲜薯产量每 667 m^2 2 315 kg；薯干产量为每 667 m^2 805.9 kg，比徐薯 18 增产 17.3%，烘干率高，居参试品种首位。

④ 栽培要点 可在土层深厚、排水良好的土壤中种植，以春栽较好。种植密度为每 667 m^2 3 500～4 000 株，注意加强病虫害防治。

三、甘薯现代育苗技术

1. 甘薯繁殖方式有哪些?

甘薯的繁殖主要采用茎蔓或块根繁殖，属于无性繁殖。块根繁殖就是通过块根发芽生长到足够高度（一般为 20 cm 以上），经过炼苗后，从薯块上拔下或者剪下，栽植于大田；茎蔓繁殖主要采用从已生长的较长的薯蔓上分段剪成较短的薯蔓，并扦插到繁殖棚内，待长长后，再炼苗，然后分段剪下，栽于大田。

2. 甘薯块根发芽有什么特性?

甘薯和马铃薯不同，马铃薯是块茎有休眠期，而甘薯是块根没有休眠现象，在贮藏期间薯块内部仍然进行着生命活动，只是外部没有适宜它生长的条件而停止发芽生长，当外部环境具备生长条件后，它随时可以发芽生长。

块根上发的芽不像薯苗上的顶芽或茎蔓上的腋芽那样有一定的发芽位置，所以称为不定芽，或潜伏芽。不定芽是由不定芽原基发育而成的，它是幼芽的基础组织。不定芽原基是由起源于薯块的中柱鞘或韧皮部的薄壁细胞，通过分裂发育成为芽的生长点，再长大成为幼芽。芽原基早在大田生长时块根形成肥大的前期就已经形成，从薯块表面肉眼是看不到的。薯块表面生长有许多须根，这些须根是由薯块原生木质部外侧的中柱鞘细胞长出来的，原生木质部在薯块表面纵向排列 5～6 行。须根枯死后，留下的痕迹稍微凹陷，芽原基就产生在各个根痕的部位上，数目因当时条件和薯块部位不同有所差别，一般为 2 个。在整块薯上分布的数目以顶部最多，约占总芽原基数的 40%，中部和尾部约占 30%。从实际发芽来看，顶部发芽数占整块发芽总数的 65%，中部占 26%，尾部占 9%。发芽时间也不一致，顶部比尾部约早 7 d。由此可见，芽原基的萌发和发育，有明显的顶端优势。实验可知，薯块上的发芽数目远不如芽原基数目多。在温度最适于种薯发芽的条件下（32~33 ℃），发芽总数只相当于芽原基数的 24%，最多也不超过 45%，其原因在于，萌芽量的多少、快慢与育苗条件以及品种有密切关系。

育苗期内，种薯里的营养物质消耗最快且多，干物质减少 50% 以上，淀粉含量消耗 80% 左右，因此育过苗的薯块，重量明显减轻。

3. 甘薯育苗地的选择有哪些要求？

应选择背风向阳、人畜不易损坏、地势较高、排水良好、用水管理方便的地方。苗床土要求没有盐碱、土质肥沃、两年以上没种过甘薯。因栽种多年的土质影响薯苗的生长，易感染病害，所以固定的苗床应事先更换床土或用威百亩或腐霉利对土壤进行喷洒消毒。

4. 目前育苗选择的苗床有几种？各有何优缺点？

目前育苗主要采用冬暖大棚、简易棚、连栋大棚、火炕。

（1）冬暖大棚特点

温度高，育苗周期长，成本高，多用于冬季种苗扩繁。育苗大户常用。

（2）简易棚特点

温度低，育苗周期短，成本低，灵活性高，可以随时更换土地。温度较高地区常用。

（3）连栋大棚特点

温度可控，育苗周期长，成本高。现代化育苗公司常用。

（4）火炕特点

升温快、地温高，育苗周期短，建造较麻烦。为北方薯区传统主要育苗方法，几十年前常用，现在较少使用。

另外还有使用电热线或暖气管等加热育苗方式，效果类似火炕育苗，多跟大棚结合使用，效果较好。

5. 苗床土壤如何进行处理？

（1）简易棚育苗

要选择无菌无病、背风向阳、地势平坦、靠近水源、地下水位低、利于排水、3年以上没种过甘薯的肥沃土地，床土土质要疏松，施足底肥。

（2）永久苗床（包括连栋温室、冬暖大棚、火炕）

要清洁苗床周围，将田间烂薯、烂薯秧、杂草等拣出，并用威百亩或腐霉利对土壤进行消毒，夏季可在地面覆盖塑料薄膜，进行高温焖棚，利用高温杀死病虫害。

6. 如何选择种薯？

种薯必须严格挑选，标准是选择具有本品种特征特性的薯皮光滑、皮色鲜艳、无病无伤、薯块整齐均匀、未受冷害和湿害的薯块（受冷害的薯块头尾干枯，薯皮破伤处凹陷，薯肉灰暗，有水湿现象，肉有黑点。薯肉鲜亮有白浆的表示正常）。不要选用带有黑斑病、软腐病、茎线虫病、根腐病、有机械伤和不符合标准的薯块作种薯。种薯必须做到"三选"，即出窖时选、消毒浸种时选、上床排种时选。

7. 种薯如何进行消毒处理？

（1）温汤浸种

用 51～54 ℃温水浸泡 10 min，在种薯下种后要大量吸热降温，所以在下水前水温应调节在 55～58 ℃，浸种过程中，应上下提动薯筐，使水温均匀。水温太高或浸种时间过长，会烫伤薯块；反之则降低杀菌效果，温汤浸种后应立即排种上床。

（2）药液浸种

用杀菌剂（如 50％甲基托布津 600 倍或 10％多菌灵可湿粉剂 500 倍溶液），再加上 300 倍辛硫磷溶液浸种 5～10 min，晾干排种。

8. 如何掌握好育苗时间？

育成薯苗的时间要与大田栽插的时间相衔接，过早或过晚都不好。排种过早，天气寒冷，使保温成本增加，浪费人力物力，而且薯苗育成后，因气温低不能栽到田间，会形成"苗等地"现象，不仅造成苗龄延长、苗质降低，而且由于不能及时采苗，必然影响下茬苗的苗量和长势。如果排种过晚，就会造成"地等苗"现象，将导致晚栽减产。根据生产实践和育苗经验，一般掌握在当地栽插适期前 25～30 d 排种。如山东省春薯栽插时间一般在 4 月底 5 月初开始，那么排种育苗时间应以 3 月底 4 月初为宜。

9. 怎样排种与覆土为宜？

排种方式采用平排、稀排法，以利于高剪苗。排种时要注意分清头尾，切记倒排。经过冬季贮藏的薯块，一般顶（头）部皮色较深，浆汁多，细根少；尾部皮色浅，细根多，细根基部朝下伸展。种薯间 1～2 cm 缝隙，能使薯苗生长茁壮，出苗均匀一致。大小种薯分开排，做到上齐下不齐，这样有利于出苗高度的一致性。排种不要过密，一般 15～20 kg/m²，种薯大或出苗稀的品种，排种可密一些；种薯小或出苗多的品种，可适当稀排，有利于培育壮苗。种薯大小以 150～200 g 比较合适，种薯过大，苗质虽好但出苗数少，增加用种量和苗床面积。畦宽 1.0～1.2 m 为宜，方便剪苗。

排种后盖细土，覆土量掌握在土刚刚盖住种薯，以 2～3 cm 深为宜，有利于温度向下传递。覆土后可根据育苗期间气候变化确定浇水量，若连续气温较高，可将苗床浇透水，以利于根芽的分化和生长；若连续气温偏低，可将苗床浇小水，以床土湿润为度。双膜育苗可在浇水后在离覆土面 20 cm 高的地方覆盖第一层塑料薄膜，然后再在整个苗床上方搭建塑料小拱棚，高约 50 cm。单膜育苗可直接搭建 50 cm 左右的塑料小拱棚，最后外覆保温材料。

10. 怎样进行苗床管理才能培育壮苗?

(1) 苗床温度管理

温度是培育壮苗的最关键因素，春季加温育苗的苗床温度可分 3 个阶段管理，冷床育苗可参考后 2 个管理阶段。

① 前期高温催芽（28～35 ℃） 从排种到薯芽出土，以催为主。要求：在摆放种薯前，应将床温提高到 30 ℃左右，排种后使床温上升到 35～37 ℃并保持 3～4 d，然后降到 30 ℃左右，起到催芽防病的作用。

② 中期平温长苗（25～30 ℃） 从薯苗出齐到采苗前 4～5 d，主攻苗数和生长速度，但不要让苗生长过快。要求：齐苗后，注意逐渐通风降温，炼苗前逐渐降低到 25 ℃左右，掌握催炼相结合的原则。

③ 后期低温炼苗（15～26 ℃） 在苗高 20～25 cm、栽苗前 5～7 d，应使苗床温度接近外界气温，昼夜打开塑料膜炼苗。提高薯苗适应自然条件的能力，使薯苗健壮。

(2) 苗床水分管理

水分是协调并统一薯苗和苗床环境条件的重要因素，每次高剪苗后可于第二天浇透水，利于伤口愈合，其他时间视苗床情况确定是否浇水与浇水量。浇水总体应掌握"高温期水不可缺、低温炼苗时水不能多"的原则，使床土经常保持床面干干湿湿，上干下湿。育苗前期气温低，浇水时间宜选在上午，后期气温高改为早、晚浇。根据育苗期需水情况可分为 3 个时期进行苗床水分管理。

① 催芽期水分管理 排种后到出苗前，看情况可不浇或少浇。排种后 7～10 d，可根据气温高低和床土干湿度，选择晴天上午浇 1 次水，但不要浇大水。

② 长苗期水分管理 出苗后随温度的下降，湿度可适当减少，

沙土的田间持水量以 70%～80% 为宜，白天薄膜内的空气湿度要控制在 80% 左右。一般随着薯苗不断长大耗水增多，适当增加浇水量，等齐苗以后再浇一次透水。

③ 炼苗期水分管理 薯苗高度 20～25 cm 时进入炼苗期，为了增强薯苗抗逆性，提高成活率，苗床持水量应控制在 60% 以下，湿度较低为好。一般采苗前 2～3 d 以晾晒为主，不需要浇水。

(3) 苗床光照管理

薯苗出齐以前，在高温高湿少见阳光的环境里生长，组织脆嫩，遇强光会发生"干尖"现象。为保证薯苗不受损伤，幼苗刚出土时，应适当遮阴。苗发绿后适当增加光照时间，以利于晒苗，一般在幼苗全部出齐、新叶开始展开后，选晴暖天气（避开低温天气）的上午 10 时至下午 3 时适当晾晒通风。

(4) 苗床肥料管理

每次采苗后可结合浇水追 1 次肥。追肥应在苗叶上没有露水时进行，每平方米撒施尿素 25～50 g 或高氮全营养的液体肥料，撒肥后扫落苗上的肥料，以免"烧"薯，并立即浇水以充分发挥肥效。

(5) 充分炼苗

采苗前 3～5 d 必须坚持低温、打开小棚炼苗，可采取白天晾晒、晚上盖的方法，达到通风、透光、炼苗的目的，保证薯苗栽插后能适应大田环境。

(6) 及时采苗及高剪苗

当薯苗长到高 20～25 cm 时，应在炼苗后及时采苗，高剪苗时用剪刀剪取薯苗，保留底部 1～2 片叶，以利于新芽萌发，更换品种前用 2% 次氯酸钠浸泡 3～5 min 进行剪刀消毒。

(7) 建立二级采苗圃

夏薯利用采苗圃进行繁苗，既可以减少种薯用量，又能有效地防除病害，提高夏薯产量。采苗圃以小垄密植为宜，每 667 m^2 栽苗 8 000～20 000 株，可供 1～1.33 hm^2 大田夏薯用苗。生产条件较好的单位，可采用多级单叶节高倍繁殖方法，繁殖系数可达 3 万倍以上。

11. 为什么说大棚超高温高效育苗技术比传统育苗技术更高效?

大棚超高温高效育苗技术是在长苗阶段最高温度控制在 48 ℃,白天湿度控制在 80% 左右,传统育苗技术一般最高温度控制在 30 ℃左右。超高温育苗技术利用高温高湿的环境有效杀死大多数病虫害,同时加快了薯苗的生长速度,从而大大提高了薯苗质量。

12. 壮苗的增产机理和标准是什么?

(1) 增产机理

甘薯是以块根为主要收获物,凡是影响块根形成、膨大和养分积累的因素,都会影响产量。甘薯块根是由幼根分化而成的,而幼根的数目和分化成块根的能力,取决于甘薯种苗质量。一般认为,壮苗增产的原因在于其储存营养物质多,栽植后易成活,发根返苗快,团棵早,抗逆性强,根原基发达,发根多而粗壮,分化能力强,形成块根早而多。

(2) 壮苗的标准

苗长 20~25 cm,百株薯苗鲜重在 0.5 kg 以上,叶片健壮肥厚,大小适中,叶柄粗短,茎粗而节间均匀、坚韧而不易折断,折断时汁液多而浓,无病虫害,需经过充分炼苗。薯苗采收后一定要消毒。剪苗后可直接用生根剂、杀菌剂和辛硫磷浸泡根部 10 min;拔苗后最好将根部 3 cm 剪去,然后用 500 倍多菌灵和 300 倍辛硫磷根部消毒 10 min。壮苗是甘薯高产的基础。

13. 为什么剪苗比拔苗好?

薯苗特别是高剪苗可以减轻薯苗甘薯黑斑病、甘薯茎线虫病等病原物的携带量,有效防止或减轻大田病害的发生。

① 薯块携带的病毒病菌会从块根缓慢向苗顶部移动,高剪苗首先减少移栽用薯苗的带菌量。

② 剪苗比拔苗采苗量多,剪苗不破坏芽原基,拔苗容易带掉

薯皮，带走薯皮表面的潜伏芽，从而减少了出苗量。同时拔苗造成的薯皮破损，易感染病害引起烂床。

③ 剪苗栽插后新生根容易发育成块根，从而增加产量；拔苗的薯苗基部带有须根，这些根不容易形成薯块，还会影响栽插入土节数，降低产量。

基于以上原因，剪苗比拔苗好。

14. 甘薯良种种性退化现象及原因是什么？

甘薯良种退化是指在生产上产量降低、品质变劣、适应性减退。主要表现为藤蔓变细、节间变长、生长势变弱、结薯小而少、薯形细长、肉色变淡、纤维增多、食味不佳、水分增多、干物质含量降低、易感病害等。甘薯是无性繁殖作物，不会产生有性繁殖过程中的生物学混杂，保持品种纯度较为容易。但是在生产实践中，经常发生推广品种退化的现象，原因有以下几种。

（1）无性变异

无性变异是甘薯品种混杂退化的内因。甘薯品种基本上都是品种间杂交种，多为有性杂种一代，遗传上是杂合体，异质性很强，虽然采用无性繁殖，在自然条件下也会因环境改变而发生变异。一个芽原基发生的变异称为芽变，一部分组织发生的变异称为区分变异。在芽变中，符合人们需要的称为良变体，不符合生产需要的称为劣变体。劣变体如果不及时淘汰，长期混杂在原有品种当中，数量就会由少到多，原来品种的纯度则不能保持。如甘薯蔓变细、变长，常与产量降低相关。可是生产上剪苗时，往往为了争取早栽和多剪，无意中选择混杂于苗床中的长蔓变异株进行繁殖或栽插大田，结果导致这种不良变异类型越来越多，若置之不理，时间一长就无法保持原来优良品种的种性。

（2）品种混杂

机械混杂是甘薯品种混杂退化的外因。甘薯在育苗、剪苗、栽插、收获、运输和贮藏等生产环节，由于工作上的疏忽，很容易发生品种混杂。如不了解品种特征特性，引种尤其是大量调运时，缺乏严格的检查制度，导致混入其他品种；集市贩卖的薯苗，混杂现象更加普遍。不同的品种混杂后，由于其对栽培条件和环境条件要求各不相同，良种的性能无法充分发挥。尤其是混入了产量低、品质差而又适应性较强的品种，若不及时去杂选纯，混杂程度会逐年加重，除性状变劣外，甚至会出现抗病性减弱，病害严重发生，在生产上造成了很严重的后果。

（3）病毒感染

甘薯和其他无性繁殖作物一样，都具有易受病毒侵染而导致营养体退化的特点，这是引起种性退化的重要因素。病毒侵入植物体后，在寄主体内扩散增殖，导致病毒粒子浓度迅速提高，从而降低了寄主的光合生产能力，进一步减少了有机营养物质的制造和积累。同时，通过蚜虫等传播媒介，使健康植株受到侵染，带病植株逐渐增多，不良群体不断扩大，最终导致产量降低、品质变劣。北方薯区常见的皱缩花叶病，感病植株在苗床及大田初期，叶面皱缩，凹凸不平，生长不良，在茎叶生长旺盛期叶面病征隐蔽，但所产生的种薯翌年育苗时薯苗全部发病。研究表明，我国至今已发现的病毒种类最少有 20 种。

15. 防止甘薯品种种性退化的措施有哪些？

（1）防杂保纯

① 建立无病留种地　留种地是良种繁育的基础，要求既能够保持品种优良特性，还要考虑切断病虫害传播途径。所以，留种地的选择和栽培应符合良种繁育的要求，应选择地势较高、土质疏松肥沃、土层较厚且 3 年未种过甘薯的地块作为留种地，面积一般为大田甘薯生产面积的 5%。认真贯彻防治病虫害的措施，做到"四净""两浸""一防"，即种植时做到地净、肥净、水净和苗净，育苗前药剂浸种、栽插前浸苗消毒，防治地下害虫。

② 严格做好"三去一选"工作　"三去一选"即去杂、去劣、去病和选良。育苗期根据品种特征去除混杂品种；栽插时淘汰薯蔓变细、节间变长的劣质苗，收获时淘汰结薯较小且少、薯形不则

长、肉色变淡的劣质单株；苗床阶段及时识别并拔除病苗、病薯，收获时淘汰感染黑斑病的薯块。在"三去"的基础上选留生产力和其他经济性状表现较优的单株，作为下年留种地的种薯，其余的作为一般良种供大面积生产应用。

③ 严格选薯安全收贮 气温 15 ℃左右时即可以收刨甘薯，10 ℃前收获完成。收挖时要做到轻挖、轻装、轻运、轻入窖，尽量减少机械损伤，以免传染病害。剔除不同品种的杂薯以及挖断、碰伤、带病、受冻、受渍和有虫孔的薯块，以保证良种的纯度和质量。贮藏期间，窖温应保持在 10～15 ℃，相对湿度在 80%～90%，避免甘薯受冷害或病菌侵染导致腐烂。

（2）茎尖脱毒

茎尖脱毒是根据病毒病原物在植物体内分布不均匀、在茎尖分生组织不存在或分布少的特点，在解剖显微镜下剥取 0.2～0.4 mm 茎尖生长锥，进行组织培养并诱导成苗，对通过检测证实不带毒的组培株系加速扩繁，生产原原种，实现恢复良种的原有种性。实践证明，茎尖脱毒不仅可以消除病毒病原，还可以除去真菌、细菌、线虫等病原体，从而达到重建无病原株和提纯、保纯的目的。详见病虫害章节。

病毒主要是由蚜虫传播，所以，要防止病毒传播，对经过脱毒的无毒薯，必须进行防蚜保种，在育苗期就应及时采取网室隔离或消灭传播媒介等措施。原原种是良种繁育的种源，一般由育种单位生产。生产单位除继续试管繁殖脱毒苗外，还可将网室原原种种源和大田生产的原原种种薯轮流供应给各地甘薯原种场。

（3）原种生产

除了利用育种单位提供的原原种或脱毒原原种加以繁殖外，也可以采取单株选择、分系比较、混系繁殖的方法生产原种。

① 单株选择 甘薯优良单株主要在原种圃选择。未建立原种圃的可以在无病留种地或纯度高的大田内选择。选择方法是在植株团棵至封垄前，根据植株特征和长势，通过田间目测比较进行初选，并给入选单株做好标记。收获时再根据薯块大小、整齐度、有

无病虫害等，再选择一遍。应分株贮藏，出窖时再严格选择一次，剔除带病和贮藏不良的单株。

② 分系比较　即株行圃比较。将上年入选的单株薯块按株分别育苗，苗期如发现杂株或病株要立即将该株薯苗和薯块全部拔除。为保证薯苗质量一致，建立采苗圃，通过幼苗期打顶等措施，促进分枝，多培育蔓头苗。试验地单行栽插株行圃。株行圃分别于封垄前和收获期进行鉴定，入选的株行混合，单独贮藏，下年进入原种圃。

③ 混系繁殖　将上年入选株行的种薯进行育苗，并设采苗圃，适时栽插，在苗期、封垄前、收获期，去杂去劣，拔除病株，混合留种、贮藏。

16. 加速甘薯良种繁殖的方法有哪些?

甘薯单株结薯数少，栽种密度也不大，加上育苗前的筛选和挑剔，一般认为生产上的繁殖系数很低，不能和种子作物相比。但如果我们把甘薯无性繁殖、再生力强的特点充分利用起来，完全可以把繁殖系数从二三十倍提高到几千倍甚至几万倍的水平，大大提高甘薯繁殖系数，短时间内实现甘薯良种化。方法有以下几种:

(1) 加温育苗法

在冬季或早春，创造育苗所需要的温、湿度条件，争取时间促使薯块早发芽、多出苗，是综合利用各种加温育苗的多级育苗法。一般利用火炕、电热温床、双层塑料薄膜覆盖温床、温室等及早排种，加强管理，促苗早发快长。苗高 12～18 cm 时剪苗，栽到另外的火炕、温床或温室里培养成苗，再把先后两级苗床的苗剪栽在盖薄膜的冷床、大棚或采苗圃里繁殖。各级苗床加强肥水管理，使苗一茬茬、一批批不断被剪栽到采苗圃里，最后栽至大田，是以苗繁苗的多级加速繁殖法。

(2) 单、双叶节繁殖法

把育成的 7～8 节的成苗截成 1 叶 1 节或 2 叶 2 节的短苗栽插繁殖的方法。分两种方式：一种是把采苗圃里的壮苗，截成几段，直接栽到留种地里；另一种是在苗床育苗期，采用单、双叶节在采苗圃里繁殖，长成后再剪栽在大田里。剪单叶节时上端要留短些，一般不超过 0.5 cm，下端留长些。一般上午剪苗下午栽，浇足窝水，第二天早晨再浇一次，盖上一层薄土，之后加强田间管理。这种方法由于薯苗入土节数少，管理要细致，应及时浇水施肥。

（3）切块育苗繁殖法

把整块薯种切成数段，进行药剂消毒或高温愈合处理后排种育苗，促使原来处于中下部的芽原基萌发，比整块薯出苗量增加20%左右。

（4）大株压蔓法

利用堆栽法扩大营养面积，每堆种 1 块薯或 3～4 株苗，加强肥水管理，分期分段压蔓，可增加单株结薯数和薯块产量，并在茎叶生长盛期剪取大量茎蔓，进行高倍繁殖。

（5）延长栽插期连续栽插法

留出足够面积留种地，充分利用苗床、各级苗圃及春薯地里的苗、蔓，连续剪栽直至 8 月上中旬。

（6）微型薯种繁殖法

在温室或塑料大棚内用蛭石作基质，采取加大种植密度，及时采收薯块等措施实现工厂化生产 50～100 g 微型薯种，该薯种大田生产用量为 75 kg/hm^2，大大节约了种薯的使用量。

（7）种苗纸册繁殖法

将繁殖蔬菜种子的纸册在操作台上拉开，使纸册孔张圆，孔内装满营养土，将长度为 15 cm 左右的甘薯栽插苗插于纸孔内，用营养土压严实并浇透定根水，盖塑料薄膜等保温、保湿，待发根 2～5 cm 长时即可移栽或销售，解决了甘薯常规大田栽插苗不易成活和苗等地的难题。

（8）薯蔓无土漂浮育苗繁殖法

将甘薯茎蔓剪成 2 节 2 叶为单位的小段，把小段薯蔓直接插在装有基质的漂浮盘（聚乙烯泡沫塑料育苗盘）穴孔中，保证一节埋入基质中、一节露在空气中，然后把漂浮盘放入装有营养液的育苗池中，注意温、光、肥、气等管理，实现多产苗、产壮苗。与传统育苗方式相比，该育苗方式具有省工省时、操作方便、育苗时间短、薯苗整齐健壮、无病虫害等优点，移栽大田后能够早生快发，集中体现了现代设施农业育苗的先进性，是较理想的育苗方法。

还有茎蔓越冬繁殖法、异地繁殖法等适于南方温暖地区的繁殖方法。加速繁殖一般都是综合运用多种形式，达到早出苗、多繁殖的目的。其中，采苗圃是保证薯苗数量和质量的最好措施，高剪苗是防病的有效方法。

17. 薯苗长途运输应如何保存?

运输前除去多余的薯叶，以防热量过多，霉菌滋生，冷藏库温度控制在 $10\sim15$ ℃，相对湿度保持在 $70\%\sim80\%$，甘薯幼苗将处于半休眠状态，苗放置时应留有通气空隙，避免堆积过多造成上热腐烂。

四、甘薯新型栽培技术

1. 甘薯栽培对环境条件有什么要求?

(1) 温度

甘薯对温度要求比水稻、玉米等种子作物要高 5～10 ℃。气温达到 15 ℃以上时才能开始生长，18 ℃以上可以正常生长，在 18～32 ℃范围内，温度越高发根生长速度也越快，超过 35 ℃的高温对生长不利。块根形成与肥大所需要的适宜温度是 20～30 ℃，其中以 22～24 ℃最为适宜。低温对甘薯生长极有害，较长时期在 10 ℃以下时，茎叶会自然枯死。一经霜冻很快死亡，薯块在低于 9 ℃的条件下持续 10 d 以上时，会受冷害发生生理腐烂。

(2) 土壤

甘薯对土壤的适应性很强，几乎在任何土壤里它都能生长。耐酸碱性好，在土壤 pH 4.2～8.3 范围内均能适应，这是甘薯的优点之一。但要获得高产，以土地层深厚、土质疏松、通气性良好的沙壤土或壤土，pH 5.0～7.0 为最适宜。土层深厚疏松，保水保肥，有利于根系生长和块根增重。通透性好，供氧充足，能促进根系的呼吸作用，有利于根部形成层活动，促进块根膨大，利于土壤中微生物活动，加快氧分分解，供根系吸收。甘薯在这种土壤里生长，结薯集中，薯皮光滑，色泽鲜艳，大薯率高，品质好，产量高。

(3) 水分

甘薯枝繁叶茂，遮满地面，根系发达，生长迅速，体内水分蒸腾量很大。植株含水量高达 85％～90％，块根水分含量一般在 70％左右，所以一生中需水量相当大。据测定在整个生长期间，田间总耗水量为 500～800 mm，相当于每 667 m² 用水 400～600 m³。不同生长阶段的耗水量并不一样。发根缓苗期和分枝结薯期植株尚未长大，需水不多，两个时期各占总耗水量的 10％～15％。茎叶盛长期需水量猛增，约占总耗水量的 40％。薯块迅速膨大期占 35％。具体到各生长期的土壤相对含水量，生长前期和后期保持在 60％～70％为宜。中期是茎叶生长盛期，同时也是薯块膨大期，需水量明显增多，土壤相对含水量保持在 70％～80％为好。若土壤水分过多，会使氧气供应困难，影响块根膨大，薯块里水分增多，干物质含量降低。

(4) 光照

甘薯喜温喜光，属不耐阴的作物。它所积累贮藏的营养物质基本上都来自光合作用。光照不足时叶色变黄，严重时脱落。由于甘薯没有成熟期的界限，光照越充足，对提高产量越有利。受光不好的一般会减产 20％～30％，在生产实践中经常发现甘薯地间套高秆作物，常因遮光严重使结薯期推迟，影响甘薯产量。所以甘薯与高秆作物间作时，为保证甘薯产量，要加大薯地的受光面积，高秆作物不宜过多过密。

甘薯是短日照作物，每天日照时数在 8～9 h 范围内，能诱导甘薯开花结实。为避免营养消耗，增加无性器官块根产量，就需要较长时间的光照，以每天 12～13 h 较好。

(5) 养分

甘薯的根系发达，再加上其茎蔓匍匐地面，茎节遇土生根，吸肥能力很强。据研究，每生成 500 kg 薯块、茎叶，需要供应氮 1.75 kg，磷 0.75 kg，钾 2.90 kg。

氮素是蛋白质、原生质、叶绿素的主要组成部分，是形成器官的重要元素。它能促使茎叶生长，尤其在甘薯的生长前期，施用一定数量的氮素肥料，能够起到促进多分枝、快增殖的作用，使植株早发棵、早拖秋。氮肥供应不足，则茎叶生长缓慢，叶面积小，颜色淡，植株生长不良，最终影响产量。反之，如果施用过量或过晚，容易造成茎叶旺长"贪青"，结薯不良。

磷是原生质和细胞核的主要成分，能加快养分的合成与运转，加速细胞分裂，提高薯块品质，当叶片含磷量少于 0.1％时，就会显示出缺磷症状，叶片颜色暗绿没有光泽，叶片小、茎细，老龄叶片出现黄斑，以后变紫脱落。

钾能促进根部形成层活动，加速细胞分裂，使块根不断肥大。在生长中后期钾肥起的作用更大，能提高碳水化合物的合成和运转能力。叶片里含钾量低于 0.5％时，表现出缺钾症。生长前期缺钾，植株的叶片小，节间短，叶面不舒展；生长中后期钾素不足，茎叶生长缓慢，严重的叶片黄化。

钾和氮都能提高甘薯叶片的光合能力，但作用不同。钾的作用在于加快叶片光合产物的运转，调节叶片里光合产物的浓度，增强光合能力，使块根持续肥大，提高产量。氮的作用是促进茎叶生长，扩大光合作用面积，从而增强光合能力，直接增加茎叶产量。

2. 优质壮苗的标准是什么？

一是必须使用脱毒苗；二是薯苗必须经过消毒处理；三是薯苗必须要粗壮，一般要求床苗（从薯种剪或拔出的苗）百株重在 500 g 以上，大田苗百株重在 1 500 g 以上；四是薯苗必须要经过充分的炼苗，炼好的苗以薯苗缠绕手指不断为标准。

3. 甘薯大田种植前需要哪些准备？生长期管理技术如何？

（1）选择脱毒苗

因为病毒病可以引起种性的退化，导致产量、品质、抗病性下降。脱毒后一般增产达 20％～60％。主要通过茎尖分生组织培养获得的试管苗，经检测无病毒后，再利用组培和温室快繁技术快速繁殖脱毒试管苗，并应用于生产。

（2）选择壮苗及干净薯苗

壮苗营养充足，组织充实，根原基发达，栽插后发根快，生命力强，成活率高，形成层活动旺盛，不定根容易分化成块根，结薯率高，且结薯早，大薯率高，一般使用壮苗可增产 10% 以上。拔苗后最好剪根、消毒，使薯苗干净无病害。因此，培育壮苗对于进一步发挥甘薯增产潜力，保证农民增收，有重要的现实意义。

（3）适时早栽、适当密植

适时早栽，充分利用有限的生长期，是夺取高产的关键。早栽的好处：①延长了生长期。适时早栽能使茎叶早发，在生长前期就构建了比较合理的群体，从而提高光合能力，早形成薯块，延长块根肥大期。试验表明，适时早栽的植株，分枝数、总蔓长、叶片数、茎叶重，都比晚栽出现得早而多，且重量大。②提高了薯块的干物质含量。研究结果表明，由于早栽，薯块里积累的养分增多，大薯率明显增加。如 5 月中旬栽插的薯苗大薯率为 53.3%～71.1%，6 月中旬栽插的为 39.8%～52.8%，7 月中旬栽插的仅为 8.4%～26.5%。③增加抵抗自然灾害的能力。早栽使茎叶早发，叶面积增大，根系强大发达，提高抗旱和抗病能力。在条件许可的情况下，春薯尽量早栽，北方地区一般最低温度在 10 ℃左右即可栽植，特别是食用型品种，需要早收获，种植过晚影响产量。夏薯从 6 月下旬到 7 月中旬要力争早栽，每晚栽一天减产 2% 左右。

合理密植是保证单位面积株数，创造适宜群体结构，充分利用光能和地力，最终达到高产的有效措施。不仅可以增加甘薯产量，而且能提高甘薯的商品性。具体密植的数量与以下因素有关：①土壤肥力。一般规律是肥地稀些，瘦地密些。丘陵旱地和缺肥地块，茎叶生长不旺，很长时间封不了垄，栽插应密些；肥地植株长势好，为使株间通风透光减少荫蔽，密度应比旱薄地稍稀些。②生长期。生长期长，茎叶长势旺，密度要稀，生长期短的宜密。资料显示，北方薯区大田条件下春薯生长期 160～180 d，春薯栽植密度以每 667 m² 3 500～4 000 株为宜；夏薯生长期 120～140 d，夏薯栽植密度以每 667 m² 4 000～4 500 株为宜。③品种。长蔓品种要稀些，短蔓或半直立品种要密些；茎叶作饲料用品种密度要大，食用型品种可适当密植。

早栽和密植都是有效的增产因素，要二者兼顾。早栽比密植增产效果好，因为甘薯块根膨大过程中，株间的调节能力较强。稀植薯块大，密植薯块小。所以，要在保证一定密度的前提下，尽量早栽。

(4) 选择适宜土质，深耕松土、轮作

甘薯获得高产的土壤条件：土层深厚、地力肥沃、质地疏松、保墒蓄水、有机质含量较高。

耕层是甘薯块根肥大和根系最密集的地方，耕层深厚能提供充足的水分、养料和空气。实践表明，甘薯约有 80％ 的根分布在深 30 cm 以内的土层里，土表下 0～5 cm 水分不足，甘薯难以正常生长，25 cm 以下土层通气性差，不利于薯块肥大，因此 5～25 cm 深的土层是甘薯生长适宜的土壤环境。耕深一般在 20 cm 以上。

土壤疏松是创造高产的重要条件。薯块在肥大过程中，需要充足的氧气供应生长，只有耕层疏松，土壤空隙多，才能储存足够的氧气。试验证明，甘薯的根吸收养分需要能量，氧气供应不足，呼吸作用降低，供应能量减少，影响养分的吸收，不利于薯块肥大；土壤通气性好，可提高钾素吸收量，有利于光合产物向块根运转。在养料含量相同的条件下，沙性土比黏性土可增产 30％ 以上。

垄作是甘薯生产中普遍应用的方式。垄作的优点是：①比平作加厚了土层，增加了土壤空隙度，土壤容气量增多，通气性改善。②吸热散热快，加大了昼夜温差。据测定，垄作比平作昼夜温差增大 2～3 ℃。③土表面积增加 15％～25％。④改善下层茎叶通风透光条件，降低黄叶、落叶率。⑤垄沟便于排水和灌溉。因此，垄作比平作增产。起垄方式因地制宜，垄高一般 25～35 cm，垄距均匀，垄直，垄面平，垄土松，垄心耕透无漏耕，有利于栽后缓苗快、结薯早、生产长条形薯块。

轮作可以减少病虫害的发生，提高贮藏性。甘薯一般与地上作物轮作，比如玉米、高粱、大豆等。

（5）加强田间管理、控制旺长

缺苗不严重时，不建议补苗。在雨季积水时及时排涝；生长中后期重点是防旱、排涝及追施叶面肥。田间管理上要注意及时中耕除草、禁止翻蔓，肥水条件好的地块徒长严重时，每 667 m² 可喷多效唑或烯效唑，配合喷施 0.3% 磷酸二氢钾溶液。收获前 1 个月不建议浇水。因为生长后期浇水容易造成薯块开裂、食味下降，严重影响商品性和品质。

（6）及早收获

由于淀粉型品种追求的是产量，所以可以晚点收获。食用型品种在最低温度不低于 10 ℃时及早收获。一般在 10 月 20 日之前收获完毕，收获时一般上午收获，下午装箱入库。

4. 甘薯高产栽培为什么要做好深耕？冬耕有什么好处？

深耕能加深活土层，改善土壤透气性，增加土壤蓄水能力，深耕相比浅耕能增产 10%～20%。翻耕深度要因地制宜，不能过度深耕，过度深耕会打乱土层，造成跑墒严重或排水不好，雨季容易引起涝渍，导致减产。一般情况下，翻耕深度为 30～40 cm。

冬耕是指在 12 月份上冻之前进行深耕，经过冬季低温和阳光照射，杀死部分裸露在地表的虫卵，减少病原菌的存量。春耕时每 667 m² 施入 2 000 kg 左右腐熟的农家肥或者 100～200 kg 有机肥，再根据土壤肥料情况加适宜的氮磷钾肥料，可同时施入辛硫磷颗粒，防治蛴螬、金针虫等地下害虫。

5. 甘薯高产栽培怎样合理选择插苗方式？

甘薯插苗主要分为平栽法、斜栽法和直栽法。

（1）平栽法

整个薯苗在土壤中呈水平分布，深度较浅，一般距离垄顶面 2～3 cm，薯苗末端应稍微深些，入土各节结薯条件一致，都能生根结薯，很少有空节，能发挥增产作用，适于水肥条件好的高产田块；适合滴灌浇水栽培，普通浇水方式不要采用此种方法。且优点是入土的每个结点都可以结薯，多而均匀，商品薯率高。缺点是抗旱性较差，如遇高温、干旱、土壤肥力差等不良条件，则保苗较困难，容易出现缺苗或小株，并因薯数多得不到充足养分供应，小薯率增多，产量不高。

（2）斜栽法

薯苗在土壤中与地平面呈 45°～60°角分布，结薯部位多位于离地面 2～6 cm 节点处，中层节位结薯较大，下部节位结的薯小甚至不结薯，适合滴灌浇水、常规浇水等方式。其优点是成活率较高、产量较高，但结薯均匀度一般。为增强抗旱能力，提高成活率，提倡深斜栽法，对保苗有重要作用。

（3）直栽法

薯苗在土壤中与地平面垂直，结薯部位多位于离地面 2～4 cm 节点处，且多为 1 节结薯，结薯集中，薯块肥大，大薯率较高；薯苗下部入土较深不宜受旱，适于丘陵山地和干旱地使用；适合任何浇水方式。其优点是成活率高，但产量较低、结薯均匀度一般。直栽法单株结薯数少，应增加栽插密度，弥补薯数不足的缺点。

6. 甘薯栽插时，薯苗下部叶片是否应该埋入土中？

应该埋入土中，利于薯苗抗旱、返苗快。因为甘薯的叶面积较大，蒸腾作用强，正常条件下需要大量水分供其生理调节，特别是在春季干旱条件下需水量更多，而刚栽插过的薯苗根系尚未形成，如果此时将大部分叶片暴露在土壤表面，仅靠埋入土中的茎部难以吸收足够的水分，结果造成叶片与茎尖争水，在阴雨天还好一些，如遇晴热高温天气茎尖呈现萎蔫状态，返苗期向后推迟，严重时造成薯苗枯死。而地上部少留叶片，埋入湿土中的叶片可有效地解决薯苗的供水问题，叶片不仅不失水，还可从土壤中吸收水，减少蒸腾，保证茎尖能够尽快返青生长，提高成活率。

7. 甘薯如何喷施除草剂？

甘薯田最好喷施封闭性除草剂，如金都尔、异丙甲草胺、二甲戊灵等，于薯苗栽植后立即喷施，喷施量为每 667 m² 100 mL（具体使用量以产品说明为准），对水 100 kg 左右，干旱的地块可以多加水，一定要将地面全部喷湿，喷到地面湿层达 1 cm 以上为准。对于已经生长杂草的地块，可以喷施精喹禾灵，但其只能杀灭禾本科杂草，其他杂草可通过人工拔除或中耕等方式进行清除。

8. 甘薯高产栽培怎样做好前期田间管理？

（1）查苗、补苗

甘薯苗栽植 5～6 d 后必须及早进行查苗、补苗，补苗过晚，苗株生长不一致，大苗欺小苗，起不到保苗保产作用。补苗时必须选择壮苗（无病、经过充分炼苗），在湿润的土壤中扦插深度为 6～7 cm，在较为干旱的土壤中扦插深度 8～10 cm。

（2）中耕除草

中耕除草适合不覆盖地膜、杂草防治不好的地块。可以改善土壤的透气条件，有利于促进根系生长、块根的形成和膨大，同时可以通过中耕掩盖杂草，达到除草的目的。一般需要中耕 2 次，多在杂草较多时进行，要掌握先深后浅，垄沟深锄，垄面浅锄。一般第一次在分枝结薯期（插后 30～40 d）结合培土进行；第二次在封垄前进行，此次中耕宜浅，过深容易掩盖薯蔓，主要作用为增大垄面积，清除杂草。

（3）适时控旺、适度追肥

适时控旺，可以抑制甘薯茎蔓生长，避免养分消耗。当甘薯主茎长至 30 cm 左右时，应进行第一次控旺，控旺应选择烯效唑加 0.4% 的磷酸二氢钾溶液，选择阴天或者下午 4 时后进行喷雾；待薯蔓长到 40 cm 左右时进行第二次控旺，药剂选用和施用时间与第一次相同。后期再根据植株生长情况进行适度追肥，如叶色发黄，可以叶面喷施尿素和微量元素速溶肥。

9. 现在为什么不提倡传统的翻蔓？

甘薯接触土壤的薯蔓节间外容易产生细根，有的可以膨大成薯块，造成养分分流，影响主根薯块膨大，为减少这种损失，传统上通过翻蔓架空茎部，使薯蔓节间不接触地面，从而切断这种根系。但多处试验结果表明，翻蔓会造成不同程度的减产，因为翻蔓打乱了均衡的茎叶分布，藤蔓反转需要大约一周的时间，这期间叶片朝下导致甘薯光合作用效能降低；翻蔓容易折断薯蔓、扯掉薯叶，导致产量降低；翻蔓使甘薯生长中后期藤蔓相互交织在一起，有的跨过几垄，分离困难，不方便管理。

正确的管理办法是在甘薯生长前期结合除草适当提蔓，减少藤蔓扎根，使生长后期能接触到地面的藤蔓占比降低，抑制扎根现象的发生，使大部分藤蔓悬空生长，这样就可以减少因扎根导致的养分损失。另外，可以通过覆膜种植，由于有地膜的阻挡，藤蔓不容易扎根。

10. 甘薯地膜覆盖栽培技术是什么？应用效果怎样？有哪些注意事项？

(1) 概念

甘薯覆盖地膜栽培技术一般是在起垄后盖地膜，覆膜后可停置几天提高地温，然后栽插。覆膜时，膜要展平、拉直、紧贴地面，膜的四周用泥土压严，膜面光洁。移栽后覆土盖严膜孔，既能防止膜被风吹坏，又能使雨水通过孔眼渗入土中。

(2) 应用效果

在我国北方地区，无霜期短，有效积温不足，限制了甘薯生产潜力的发挥，采用覆膜措施可将春薯栽插期提前 $10\sim15$ d，达到早栽早收，提高产量，改善薯块的外观品质，提高种植效益的目的。

① 节水效应　在我国北方甘薯种植区，干旱胁迫是造成农作物产量损失的首要非生物胁迫因素，生态需水量占甘薯生长总需水量的 $60\%\sim70\%$。研究表明，地膜覆盖可以使覆盖物与土壤表面形成一个半封闭系统，大幅降低了水分渗漏，使土壤保水保墒效果大幅提高，覆膜栽培较常规栽培节水 17%，可有效提高水分利用率，实现节水栽培。

② 增产效果　由于覆膜使膜下温度迅速升高至薯苗生长发育的最适温度，有利于薯苗栽植后产生更多的块根。研究发现，覆黑膜能提高甘薯大、中薯率 11% 左右；覆膜为土壤提供了一层保护膜，减轻了土壤肥料的淋溶作用，显著提高了甘薯田肥水利用效率，大幅提高了甘薯产量（增幅 6.17%～49.90%）及商品率（增幅 3.53%～18.50%），提高种植效益，符合当前提倡的高产高效生产方式。

③ 黑色地膜能抑制杂草生长　据统计，田间杂草危害引起减产幅度达 5%～50%，历来是甘薯栽培生产中一大难题。黑色地膜阻止了阳光的透入，显著抑制了杂草的发生且避免了一些恶性杂草的爆发，能有效提升甘薯产量及产出效率，是轻简有效的田间防草方法。用除草剂和地膜覆盖配套栽培对甘薯常见杂草控制起到一定作用，研究表明，金都尔配合黑色地膜效果最好。

（3）注意事项

① 涝洼地种植甘薯不能覆盖地膜，因为涝洼地下雨后，土壤水分较高，且无法排水，垄内水分含量过高易导致烂根。

② 若想快速提高地温、提早上市可以选择覆盖透明地膜，冷凉地区最好也选择透明地膜，正常时间种植最好选择黑色地膜。

③ 要留有底沟，有利于雨水下渗，大雨天气，应疏通垄沟两头，促进排水。

④ 覆盖透明膜要喷施除草剂。

11. 甘薯地膜覆盖栽培技术的增产机理是什么？

（1）对土壤特性的影响

① 增温　表层土壤是甘薯根系分布的主要环境。甘薯不耐低温，秧苗在 16 ℃以上才能正常发根，低于 15 ℃时停止生长，块根膨大适温为 22～23 ℃。覆盖地膜有效降低了潜热交换水平，减少反射和气化对太阳辐射的耗散，更好地吸收和储存太阳能，起到保温、增温的作用，大幅提高根区温度和有效积温，促进甘薯幼苗根系早发。研究发现，甘薯覆膜栽培，全生育期比露地栽培平均增加上壤

积温400℃以上，显著提高土壤积温，为块根生长创造良好的基础。

② 保墒　地膜覆盖降低了地表的裸露，阻断了土壤与外界的水汽交换，有效阻止土壤水分蒸发，特别是天气干旱时保墒效果更为理想，地膜覆盖甘薯全生育期10 cm土壤含水量平均提高3.53%。雨季又能阻止土壤直接接纳雨水，减缓雨水对地表土壤的冲刷。

③ 改善土壤结构　土壤容重是土壤质地、结构、孔隙等物理性状的综合反映，容重适中，能促进甘薯根系的正常生长及块根的膨大；容重过高，土壤微生物活动受到抑制，养分分解慢，易板结龟裂；容重过低，土质疏松，土壤养分和水分渗漏流失严重。目前由于肥料的过量施用和机械碾压，我国绝大部分耕地存在容重过大的问题，改善土壤通气性有利于甘薯块根膨大并提高产量。覆膜后土壤表面不受雨水直接冲刷，使耕作层保持松软，显著改善土壤理化性状，降低土壤容重，防止土壤板结。研究发现，覆膜栽培能使0～20 cm土层土壤长期保持疏松状态，既有利于前期秧苗根系生长，又有利于后期薯块膨大。

④ 提高土壤养分利用率　地膜覆盖保持了适宜的固、液相比，增加了土壤温度和湿度，提高了水分、养分的利用率；改善了土壤微生物的生存环境，提高了土壤中微生物的数量和活性，促进了有机质和潜在腐殖质的分解，加快了土壤全氮的转化和有机质的矿化，提高了土壤肥力。研究发现，覆膜后促进了甘薯植株对速效养分的吸收，特别是更有利于氮素的吸收。良好的物理性状有利于水汽热的协调，促进了有益微生物的繁衍，加速了土壤养分转化。

(2) 对甘薯生长发育的影响

① 对地上部营养生长的影响　地膜覆盖由于能增温保墒，在促进地上部营养生长方面主要表现在栽插早、还苗早、分枝结薯早、封垄早。研究发现，覆膜能增强甘薯地上部干物质积累，其分枝数、叶片数、茎长度、茎叶鲜重均比露地栽培增加50%以上。

② 对地下部根系生长的影响　覆盖地膜由于改善了根部土壤小环境，对甘薯根系发育有很大的促进作用，能优化苗期根系结构，促进根系早发快发，为产量形成奠定良好基础。研究发现，覆

膜栽植后 10 d 和 20 d 的甘薯幼根数量、总长度、鲜重、表面积、体积和幼根根系的吸收面积、活跃吸收面积显著高于露地栽培。

12. 为什么国家提倡使用甘薯可降解地膜覆盖栽培技术？有何优势？

(1) 甘薯传统覆膜栽培的缺点

① 甘薯覆膜栽培导致土壤肥力减退　由于覆膜栽培的增温保墒效应使得作物根际环境改善，土壤中微生物活性增加，土壤有机质矿化加快，短期内作物产量升高，但长期耕种会使得地力耗竭，作物脱肥。研究表明，多年连作栽培后，覆膜栽培与常规对照相比，土壤有机质平均下降 10.2%，全氮平均下降 0.8%。

② 裂解周期较长、无法追肥　研究表明，覆盖地膜后，土壤中过氧化氢酶活性降低，使得对生物有害的过氧化氢无法及时降解，毒害生物。传统覆膜栽培中，后期进行追肥较为困难，因此会发生脱氮早衰现象。近年来出现的有机肥或缓控释肥可一次施肥，满足整个生育期的营养需求，实现省工增产。

③ 降解困难，造成生态危害　甘薯覆盖栽培所用地膜大多以聚乙烯薄膜为主，聚乙烯属于较为稳定的高分子聚合物，在土壤中长期积聚会形成断层，导致根茎肥水利用率降低，影响薯苗不定根生长发育。研究表明，土壤耕层地膜残留分布范围为 $0.2 \sim 82.2 \ kg/hm^2$，均值为 $26.8 \ kg/hm^2$，地膜残留量逐年增加，对土壤根际环境的损害严重，对农业生产和生态环境造成巨大威胁。

④ 投入增加，回收费用高昂　传统覆膜栽培中，地膜的铺设及回收都需要人工操作，增加了人力和经济成本。据统计，传统聚乙烯薄膜每公顷材料成本为 1 260 元，其中铺设及回收成本约占 50% 以上，一定程度上影响了种植户的收入，且回收后分解为乙烯，清洗再利用技术成本较高。

(2) 可降解地膜覆盖栽培的优点

相较于传统聚乙烯地膜，可降解地膜具有降解速度快、残留量低的特点。研究表明，与传统聚乙烯地膜相比，连续 4 年应用双降解地膜，薯田 0～30 cm 耕层中残膜含量减少 51%，差异极显著。双降解地膜 50～170 d 时即开始裂解，且甘薯收获后残膜量较低；在作物生长后期机械性能大幅下降，降低了农事操作将其带入深层土壤中的概率，降低了捡拾地膜的人力投入，起到了生态效益和经济效益兼顾的效果。

可降解地膜基本具备了聚乙烯地膜的功能和较好的降解性能，是防治地膜污染的一个有效途径，符合现代农业提倡的绿色高产高效的趋势。随着全国农业机械化进程的加快以及可降解地膜的逐渐普及，栽培成本也将大大降低。

13. 丘陵地高效轻简化覆膜栽培技术是什么？为什么优于传统覆膜栽培技术？

丘陵地由于地块较小，地势高低不平，无法像大面积平坦地块实行滴灌技术，机械化作业难以实现，想要实现轻简化栽培，需要小型机械和新研发农机具结合起来，形成一套全新的轻简化栽培技术。

传统甘薯覆膜栽培技术程序：第一步起垄，第二步用手栽插薯苗，第三步浇水，第四步封窝，第五步喷洒除草剂，第六步人工覆盖地膜，第七步抠苗，第八步封土。共需 8 个步骤，每 667 m² 地需要劳动力 4～5 个。

由烟台市农业科学研究院研发的针对丘陵旱地以及小地块的轻简化覆膜栽培技术流程分为：第一步旋耕、施肥、起垄、覆膜一体化，第二步用打孔浇水器打孔浇水，第三步用插苗棒将薯苗插入，第四步覆土压孔。只需 4 个步骤，每 667 m² 地需劳动力 1～2 个，且用插苗棒代替用手插苗，劳动强度大幅降低。

14. 甘薯滴灌覆膜栽培技术操作步骤是什么？存在哪些问题？

甘薯滴灌覆膜栽培技术是当前主流栽培技术，有利于实现水肥一体化。在地块较为平整且单块面积较大的地块，建议采用滴灌覆膜栽培技术，操作步骤：第一步旋耕、施肥、起垄、铺滴灌带、覆膜机械一体化成型；第二步接滴灌带；第三步再用插苗棒插苗；第四步覆土压孔。

目前该技术存在的问题：一是滴灌管质量有待提高，二是盲目浇水施肥导致商品薯品质下降。

15. 菜用甘薯栽培技术是什么？

菜用甘薯具有良好的营养保健功能，该品种耐高温、抗逆性强、恢复生长快，可作为台风、水灾过后和蔬菜生产淡季的蔬菜品种来补充市场供应不足。

(1) 栽培目标

以薯蔓顶端10～15 cm幼嫩部分（包括茎、顶叶和叶柄）作蔬菜食用，要求甘薯植株生长旺盛，茎尖嫩叶产量高，无病虫害等。

(2) 栽培技术要点

一般每年3月开始扦插（北方地区可进行保护地栽培），株行距（5～10）cm×（5～10）cm见方，1～2月后开始采收，每隔7～10 d采摘1次。施肥没有定量，原则上基肥以有机肥为主，每次采摘后以速效肥作追肥。栽培密度较大，一般叶菜专用型品种栽培密度为27万株/hm² 左右产量较高。注意栽培过程中病虫害应采用无公害防治，以农业防治为基础，优先采用生物防治。

(3) 适用品种

菜用甘薯要求茎尖产量高，株型直立易采摘；煮熟后叶不变褐色；食味必须鲜嫩爽口、无苦涩味及其他异味；茎尖无绒毛，10 cm部分蛋白质含量高等；栽种后早生快发，腋芽再生能力强，抗病虫害，适应性广。叶菜专用型品种南方较多，如福菜薯20、广菜薯5号、鄂菜薯2号等。

(4) 应用

菜用甘薯在国外十分走俏。我国菜用甘薯栽培研究起步较晚，在南方地区有一定种植面积，淮河以北地区消费市场不大，消费者的消费习惯有待进一步培养。今后应从宣传菜用甘薯营养保健功能等方面着手，大力发展栽培菜用甘薯，使之成为消费者餐桌上的大众蔬菜。

16. 观光用甘薯栽培技术是什么？

甘薯因其茎匍匐能力极强，常被用来栽种在路旁、坡地、围墙等作园林观赏、城市规模化绿化美化用，管理比较粗放。伴随立体无土栽培技术的发展，观光"甘薯树"逐渐兴起，也就是常说的甘薯立体无土栽培，即在温室内搭架，薯秧在架上攀爬生长，颠覆正常栽培模式，给参观者以视觉冲击。

（1）栽培目标

使甘薯生长在空中。

（2）栽培技术要点

在栽培槽上部架设网架，槽内盛满营养液，网架上方覆盖定植板，定植板上开有定植孔，将甘薯植株插入定植孔固定，植株根系的上部由网架支撑，下部浸泡于栽培槽营养液内，以获得充足的营养物质和水分供甘薯生长。在温、光、水、气、肥等生长要素上营养液的成分可人工调控至最佳状态，保证根系吸取到足够的养分，并获得充足的氧气。栽培槽上方搭设棚架，压蔓产生的不定根成为贮藏根，甘薯营养体在架上生长充分，结薯多，产量大幅提高，单位面积的收获量要比地里种植多几倍。这种栽培方式避免了传统采收甘薯连秧一起一次性收获的弊端，能连续结薯，四季生长。栽培过程中要注意防止甘薯植株基部溃烂，及时防治白飞虱等病虫害。

（3）适用品种

适用品种可根据观光需要选择。

（4）应用

"甘薯树"的栽培技术，除营养液栽培外，还有甘薯雾化栽培法（植株根系下部悬空于栽培槽内）、陶粒栽培（用陶粒作基质）等，目前主要应用于全国各地的农业观光园。

17. 特殊甘薯栽培方式是什么？

（1）大田甘薯树栽培

按 0.5 m×0.5 m×0.5 m 规格挖穴，将土和农家肥及专用肥掺和均匀回填，回填土高于地表呈塔形，塔尖高 50 cm 左右，覆膜。定植时，先于塔尖处破膜开穴，再放置种苗，浇水干后埋土压实，9 000 株/hm²，霜降至立冬收获。这种栽培方式耐旱、耐瘠、产量高、适应性广，源于南美，由美国航天育种中心培育而成，联合国粮农组织（FAO）已向全世界推荐推广种植。

（2）搭架栽培

架高 1.3 m，起垄栽培，较常规栽培密度增加 500 株左右，将地面匍匐生长的甘薯藤蔓，绑扎和缠绕在竹竿或木棒支架上，使之向着空间立体方向伸展。这种栽培方式改善了甘薯植株通风透光条件，使甘薯叶面积系数增大，有利于甘薯产量和品质的提高，故可获得较大幅度增产，经济效益显著。

18. 我国机械化水平如何？对甘薯产业发展有何影响？

甘薯是一种劳动环节较多的地下块根类作物，需先进行育苗，然后再种植，种植环节主要涉及：剪苗、耕整、起垄、施肥、覆膜、移栽、田间管理（灌溉、植保等）、收获（切蔓、挖掘、捡拾、收集、分级等）等作业环节，其中耕整、田间管理等机具为通用型农业机械，而其他环节则需针对甘薯特点采用改进机型或专用机型。这些环节中，移栽、收获是最重要的生产环节，用工量占生产全过程的 65% 左右，而收获又是重中之重，其用工量占生产全过程的 42% 左右，当前仍以人工作业为主。

我国虽是甘薯生产大国，但由于前期研发投入较少、技术装备储备不足，导致现阶段生产手段与其他作物相比其机械化生产水平相对落后，机械化作业程度不高，其耕种收综合机械化指数约为 50%。目前，除耕整、灌溉、植保等机具为通用机型较成熟外，起垄施肥覆膜机具、切蔓机具、收获机具作业质量不断提升，但栽插环节仍存在一些问题，特别是覆膜移栽，目前还没有较好的机械。

随着农村劳动力不断转移，甘薯产业用工量多、劳动强度大、用工成本高、综合收益不高的现状已严重影响了农民种植积极性，制约了甘薯产业的健康快速发展。

19. 国外甘薯种植机械化研发进展如何?

(1) 剪苗机械

应用于美国、日本、加拿大等国家的规模化种植区域。作业时将薯苗全部剪掉,然后由机械将大小苗分开,容易造成较小的秧苗被浪费掉。待下一茬薯苗的平均长度达到可移栽高度时,由剪苗机继续剪苗。此种模式虽浪费了一些小苗,但适宜机械化生产,大量节省了人工剪苗的用工量,剪苗机械的应用为甘薯规模化生产提供了便利条件。

(2) 起垄机械

起垄机在发达国家应用非常广泛。其机型有很多种类,比较简单的为一次作业可起 1 垄或 2 垄,同时也可结合覆膜机覆盖地膜。在种植面积较大的地区常采用大型的起垄机,由大功率拖拉机牵引,可一次作业 4~5 垄,且可实现整平垄体、覆盖地膜,便于后续移栽。日本等国家开发了起垄施肥机,在起垄的同时将肥料等施入垄内,保持肥效利用最大化。另外还研制了起垄镇压技术以及适应不同垄形的起垄机等装备,很好地满足了生产需要。

(3) 移栽机械

发达国家中美国、日本、韩国甘薯种植面积较多,但在全球种植面积中所占比重相对较少。目前美国的甘薯生产机具多以标准化、大型化为主,适宜大规模集约化生产,我国新疆、河南、河北等省的规模化成片种植地区在机具与种植模式方面可以从美国借鉴,但也需考虑所在地区的地域特性;日韩等亚洲地区种植机具多以小型化为主,种植模式以中小田块作业,对我国多数甘薯种植区都有较大的借鉴价值。

美国的甘薯种植主要集中在路易斯安那州、北卡罗来纳州等地的大农场,其土壤类型以沙壤土为主。美国农场使用的移栽机主要是链夹式裸苗移栽机,其悬挂于大功率拖拉机后部,一次性可栽插十几行。

日本的甘薯种植区域土壤类型主要以火山灰土为主,主要分布在关东和九州地区，火山灰土质地疏松，其种植模式多以覆膜栽插为主。日本注重农机与育种、栽培的结合，重视甘薯机械移栽技术的研究，其研制移栽机具主要有牵引乘坐式人工栽插机、小型自走带式移栽机、人力乘坐式破膜栽插式移栽机等形式，可适应覆膜栽插，机具特点多以小型化为主。

（4）田间管理机械

田间管理环节，国外田间管理机械多借用其他作物通用中耕除草机、高效折叠喷杆喷雾机、植保无人机等，技术相对成熟。

20. 为什么要积极推行甘薯生产机械化？其优点是什么？

机械化是大面积标准化栽培的首要因素，机械化生产不仅可节省大量工时，提高劳动效率，还可提高产量，降低损耗。美国、日本、加拿大等发达国家对甘薯生产机械化技术及装备研发起步早、投入大、发展快，已形成排种机、剪苗机、起垄机、移栽机、切蔓机、收获机（分段收获、联合收获）等系列产品，甘薯生产机械早已实现专用化、标准化，其作业工效是传统人工的数十倍。

我国长期以来甘薯种植多采用人工栽插。近年来，农村劳动力不断向城市转移，劳动力结构性短缺矛盾日益加剧，市场对甘薯生产机械的需求变得十分迫切，这才使得甘薯生产机械技术有了一定程度的发展。在现实需求拉动和国家相关政策的共同推动下，我国积极开展了甘薯种植农艺、作业模式、机械起垄、机械移栽、机械切蔓、机械收获等生产机械化技术及装备研发与试验示范工作，呈现较好的发展态势，并已取得了阶段性成果。机械化对于大规模商品薯生产尤为重要，是甘薯生产发展的方向。

21. 目前平栽机械化进展到什么程度？

目前平栽机械化创新采用在垄内横向放苗的方式实现平栽，然后表面覆土 3~5 cm，并配合滴灌带使用，整体效果较好，但缺点是无法覆盖地膜，仍需要喷施大量除草剂。

五、甘薯高效土肥水管理技术

1. 甘薯高产栽培对土壤有什么要求?

甘薯的适应能力很强,对土壤要求不严格,但要获得高产、稳产,栽培时应选择沟渠配套、排灌方便、地下水位较低、耕层深厚、土壤结构疏松、通气性好的中性或微酸性沙壤土或壤土,并要求不带病虫害的地块,无污染的丘陵岗地或山坡地为首选。对其他类型的土壤要积极创造条件,进行培肥地力、保墒防渍、深耕垄作等改良。

2. 我国甘薯肥料施用情况如何?

减肥减药是农业绿色生产的重要方面。由于作物特性,甘薯种植过程中需要吸收大量的肥力,尤其是在薯块膨大期。施肥不足、施肥不当可能导致藤蔓徒长、薯块产量低、结薯数少,对甘薯产量有十分严重的影响,施肥过量又会引起农业污染等问题。

我国甘薯种植中,肥料投入是排名前三的重要投入之一,平均每公顷土地肥料投入达到 3 093 元。其中 79.16% 为化肥投入,有机肥投入占比 20.84%。

3. 甘薯生长发育的需肥规律和养分吸收趋势是什么?

甘薯产量高,根系发达,吸肥力强。国内外资料表明,平均每生产 1 000 kg 鲜甘薯,需要从土壤中吸收纯氮(N)3.72 kg,磷(P_2O_5)1.72 kg,钾(K_2O)7.48 kg,氮磷钾的比为 2∶1∶4。从全发育期需肥规律分析，苗期吸收养分较少，分枝结薯至茎叶旺盛生长期，吸收养分速度加快，吸收数量增多，接近后期逐渐减少，至薯块迅速膨大期氮磷吸收量下降，而钾的吸收量始终保持较高的水平。据烟台市农业科学研究院试验表明，平均每施用 1 kg 纯 N 增产鲜薯 29.1 kg，每施用 1 kg P_2O_5 增产鲜薯 37.3 kg，每施用 1 kg K_2O 增产鲜薯 42.8 kg。

甘薯一生对氮、磷、钾三要素的需求总趋势是：前、中期吸收迅速，后期缓慢，以钾最多，氮次之，磷较少，从土壤中吸收水分、养分趋势亦大体相同。研究表明，甘薯生长前期以氮代谢为主，后期以碳代谢为主。甘薯整个生育过程中的不同生长阶段吸收氮、磷、钾的数量和速率有显著的差异。在甘薯生长的前、中期，氮的吸收速度快，需求量大，主要用于营养器官茎、叶的生长，茎叶生产盛期也是氮的吸收利用高峰期，后期茎叶衰退，薯块迅速膨大，对氮素吸收速度变慢，需求量减少；对磷素的吸收利用随着茎叶的生长吸收量逐渐增大，到薯块膨大期吸收利用量达到高峰；对钾素的吸收利用从开始生长到收获均高于氮和磷，在茎叶生长盛期，钾的吸收量也超过氮、磷较多，特别到了薯块快速膨大期，钾的吸收达到高峰。

4. 甘薯生长为何提倡平衡施肥?

平衡施肥一般是通过对土壤养分元素的调查和供养能力的分析，以及甘薯对不同养分元素需求的研究，确定不同养分元素对甘薯生长的影响，进而制定养分的配比和施肥方案。施肥应根据不同种植地区的具体气候条件、土壤环境条件来决定。事实上，大量元素之间存在相互影响，缺氮处理的甘薯与氮磷钾配施处理相比，块根干重降低，缺磷处理块根干重显著降低；缺钾处理情况下对氮的吸收没有影响，却限制了对磷的吸收。研究发现，缺钾使干物质向根分配减少，钾水平提高可促进同化物向甘薯块茎运输。

总的来说，适宜的氮磷钾配比平衡施用既能促进甘薯地上部分生长，同时还能促进碳水化合物由叶片向块根的运输，促进块根迅速膨大，增加块根产量。

5. 怎样科学施肥、合理施药和喷施除草剂？

科学施肥：基肥为主、追肥为辅；有机肥为主、化肥为辅；增施钾肥为主、磷肥为辅。综合国内外资料，氮、磷、钾大体比例为 2：1：4。高产甘薯适宜的土壤养分含量指标为：速效氮 50 mg/kg，速效磷 20～30 mg/kg，速效钾 100～120 mg/kg。考虑到产出比，一般每 667 m² 施成品发酵有机肥 120 kg，氮磷钾复合肥 15 kg，硫酸钾 20～30 kg，起垄时开沟施于垄下。

合理施药：甘薯需要防治地下害虫，考虑到药物残留，一般推荐施用低毒农药辛硫磷颗粒，每 667 m² 施用 3～4 kg，随起垄撒入沟底。

合理喷施除草剂：甘薯最好喷施封闭除草剂，栽植后选择金都尔、二甲戊灵都可以，一般每 667 m² 需要 100 mL 除草剂，对水 100 kg 左右，进行垄面喷雾，一定要将地面全部喷湿，湿润厚度要达到 1 cm 以上，并确保喷洒均匀，喷后不要再破坏表土。

6. 为什么好地却种不出好薯？

人们心目中所谓的好地，多指生长小麦、玉米产量较高的地块，这些地块氮肥含量较高，相对来说钾肥含量较低，因此如果按照常规施肥技术，无法扭转土壤中氮肥过高的问题，致使地上部徒长严重，块根产量较低，品质下降。所以如果在这种地块种植甘薯一定要多施钾肥，及早控旺，才能达到商品薯高产优质的目的。

7. 甘薯如何做好追肥？

甘薯因为土壤肥力不平衡等原因，很容易出现旺长、叶色发黄、生长停滞等现象，这些问题出现最好以叶面追肥的方式进行补充，也可通过打孔施肥的方式进行二次施肥，有滴管的可以通过滴肥的方式进行追肥。如果出现旺长情况就需要及早叶面喷施烯效唑和 0.4% 的磷酸二氢钾溶液，于傍晚喷施，每 7 d 喷施 1 次；如果叶色发黄，应及时叶面喷施0.5%尿素溶液；如果有不明原因的薯苗生长停滞或者叶色暗淡、叶面凹凸不平等现象，建议使用微量元素和液体有机肥进行叶面喷施，也可以通过滴管进行滴施，或可在薯苗间打孔施肥等。

8. 甘薯生长后期如何做好田间管理?

在甘薯生长中后期，随着气温的不断下降，薯块的膨大速度由快逐渐减慢，甘薯干物质积累开始增加，根系的吸收能力逐渐减弱，地上部茎叶的黄化衰老现象随之发生。因此，在甘薯生长后期的管理上要重点保护茎叶，维持茎叶正常的生理功能，促进块根迅速膨大。

甘薯生长后期的管理要点包括以下两点。第一，保证土壤含水量占田间最大持水量的60%~70%。如果天气久旱，要及时浇水，但在甘薯收获前20 d内不宜浇水。如果遇到秋涝，需及时排水，以防甘薯硬心与腐烂。第二，在甘薯的生长后期，看具体生长情况进行叶面喷肥，施用方法为每667 m²叶面喷施0.5%尿素稀释液、2.0%~3.0%过磷酸钙溶液、5.0%草木灰溶液或0.2%~0.3%磷酸二氢钾溶液，每7~10 d喷1次，连喷2~3次即可。要根据不同地块的地力水平进行施肥。例如，对于长势弱的平原沙地或有早衰趋势的田块，每667 m²可喷施0.5%尿素溶液；对长势偏旺、肥力较高的田块，每667 m²可喷施0.2%磷酸二氢钾溶液或2.0%~3.0%过磷酸钙浸出液；对地力水平一般的田块，每667 m²可喷施0.4%~0.5%尿素和磷酸二氢钾混合液。每隔7~10 d喷施1次，共喷2~3次，每次每667 m²喷施70~100 kg，喷施时间以晴天傍晚为宜。

9. 甘薯地上部旺长的判断标准是什么? 如何采用化控方法控制旺长?

甘薯根系发达，吸肥吸水能力大，地上部生长势强，若遇到氮肥水平偏高、密度较大、光照不足或雨水充沛的情况，地上部易旺往往发生徒长现象，会大量消耗养分，严重影响块根膨大。旺长判断标准为：叶色浓绿，叶柄长度比正常生长条件下长 1/3～1/2，顺垄沟的方向放眼望去，基本上看不清垄顶与垄沟的区别。如发现地上部茎叶有旺长势头，应采取相应措施加以控制。控上促下，以提高薯块产量。

采用化控方法控制甘薯地上部旺长：可用多效唑或者烯效唑可湿性粉剂按照说明对水，进行叶面喷洒，一般喷施 2～3 次效果最好。喷施时间为晴天下午 3～4 时。提蔓或摘尖也能达到一定的控制效果。

10. 为什么说把甘薯贬称为"拔地精""茬口不好的作物"是不公平的?

为获甘薯高产，首先要施足肥，氮、磷、钾三要素配合得当。但在实际生产上，把甘薯这一需肥多、能高产的作物，大部分种植在丘陵山区土层薄、缺肥、干旱的地方，土壤养分的含量根本满足不了其正常生长的需要，所以根本难以实现高产。尽管如此，由于甘薯顽强的再生能力，仍能在贫瘠的条件下获得一般种子作物难以达到的产量。我国甘薯种植面积虽居世界之首，但单位面积产量不高，其重要原因之一就是肥力不足。肥源不足，土壤得不到培养，连年种植吸肥力强的甘薯，结果把甘薯贬称为"拔地精""茬口不好的作物"，这是非常不公平的。大量事实证明，只要重视甘薯生产，给予其需要的肥水条件，不仅甘薯当年高产，而且后茬接种小麦也能获得高产丰收。

六、甘薯病虫害绿色防治技术

1. 北方地区甘薯主要病虫害有哪些?

北方甘薯病害主要包括病毒病、茎线虫病、黑斑病、根腐病、软腐病等,由于北方地区干旱少雨,甘薯种植区多年连作,使甘薯根腐病、茎线虫病发生严重,生产中造成的损失一般在 30%~50%。同时,甘薯黑斑病、黑痣病、软腐病等在不同生育期发生危害,影响甘薯产业健康发展。近年来,甘薯病毒病害(SPVD)发生流行并逐渐成为影响甘薯产业发展的主要病害之一。

虫害主要包括象鼻虫、蝼蛄、金龟子、小地老虎、甘薯天蛾和斜纹夜蛾等,它们大多数杂食性很强、为害多种作物,在薯种、土壤、粪肥中传播疾病,不仅影响甘薯品质,而且还会使种植户遭受严重的经济损失。

2. 如何识别和防治甘薯茎线虫病?

茎线虫病又称为糠心病、空心病,是一种甘薯常见的病害,主要发生于北方产区。甘薯茎线虫属于线虫门、色矛纲、小杆目、粒线虫科、茎线虫属,对低温忍耐力强,它的卵、幼虫和成虫可以同时存在于薯块、土壤和肥料内越冬很少死亡。病原能直接通过表皮或伤口侵入。此病主要以种薯、种苗作远距离传播,也可借助雨水和农具短距离传播。人为串、换种薯、薯苗是大面积快速发病的主要原因。病原在 2℃时开始活动,7℃以上就能产卵并孵化和生长,最适温度 25~30℃,最高温度 35℃,在土壤中的活动场所是离地表 10～15 cm 深的土层，湿润、疏松的沙质土有利于其活动为害，极端潮湿、干燥的土壤不利于其活动。

危害症状：一般主要危害薯苗、薯块、近地面茎蔓，染病薯苗矮小发黄，发育迟缓，直至死亡；茎蔓发病多在地表处，近地面茎蔓及根部受害，呈现条状黑褐色晕斑，剖面呈褐色干腐状；受害薯块有糠皮（线虫自土中侵入薯块，薯皮呈青色至暗紫色，病部稍凹陷或龟裂）、糠心（由染病茎蔓的线虫向下侵入薯块，薯块皮层完好，内部呈褐白相间的干腐）和混合型（发病严重时，糠皮和糠心同时发生），薯块染病后重量变轻，影响甘薯的品质和产量，严重时甚至造成绝收。

防治方法：选用抗病品种，种薯可用 51～54 ℃温汤浸种；苗床用净土培育无菌壮苗；严格检疫，严禁选用已经发生病变的幼苗，同时可以通过与棉花、高粱、玉米、大蒜、大葱等农作物进行轮作来减少虫害的发生；药剂浸薯苗，通过 50%的辛硫磷乳油 300 倍液浸 10 min；薯苗移栽时穴施辛硫磷微胶囊剂，也可用辛硫磷微胶囊剂 5 倍液，蘸种苗根部 6～10 cm；收获时集中销毁病原体消灭虫源。

3. 如何识别和防治甘薯黑斑病？

甘薯黑斑病又名黑疤病、黑疔等，是一种毁灭性病害，是甘薯生产上的重要病害，是造成甘薯死苗、烂床和烂窖的主要原因。病原菌为甘薯长喙壳菌，为子囊菌亚门、核菌纲、球壳菌目、长喙壳科、长喙壳菌属真菌。此病害病原菌主要以厚垣孢子、子囊孢子和菌丝体在贮藏病薯、大田、苗床土壤及粪肥中越冬，在土壤里能存活 2 年零 9 个月，从育苗期、大田生长期到收获贮藏期，都会发病，甚至造成甘薯死苗、烂床等，薯块受害时间长，损失大。病薯含有毒素，牲畜吃后可引起气喘病，严重时甚至死亡。而且此病传染性强，可以随种薯种苗调运实现远距离传播，带菌土壤、肥料、流水、农具及鼠类、昆虫等都可传病，造成严重的经济损失。病原菌主要从伤口侵入，也可从芽眼和皮孔等自然孔口及幼苗基部的自然裂伤等处侵入。甘薯受病菌侵染后，土温在15~30 ℃均可发病，最适温度为 25 ℃。甘薯贮藏期间，最适发病温度为 23~27 ℃，10~14 ℃时发病较轻，15 ℃以上有利于发病，低于 10 ℃或高于 35 ℃发病受到抑制。贮藏初期，薯块呼吸强度大，散发水分多，如果通风不良，高于 20 ℃的温度持续 2 周以上，则病害迅速蔓延。

危害症状：甘薯黑斑病的病菌主要危害薯苗和薯块，薯苗发病一般在幼苗茎基部，产生长椭圆形、稍凹陷的黑褐色病斑，严重时会造成变黑腐烂，最后导致叶片发黄，生长缓慢，甚至造成整株死亡。蔓上的病斑可蔓延新结的薯块上，在收获之后可以看到薯块表面呈现圆形、近圆形的明显黑褐色病斑，中央稍凹陷，并呈现灰色霉层，即病原菌的菌丝层和分生孢子，发病部位还会长出一些黑色刺毛，为子囊壳的长喙，导致薯肉变成墨绿色，伴随苦味和臭气，贮藏时也能继续蔓延，甚至在薯种上也出现病斑，造成病菌的传播。

防治方法：抓住育苗、大田期、贮藏和建立无病留种地 4 个环节，采取以农业防治为主、药剂防治为辅的综合防治措施。一是选择抗病品种，挑选无病薯块；二是要采用高剪苗进行种植，实行倒茬轮作，建立无病留种制度，黑斑病严重发生区，选 3 年未种过甘薯的地块，单收、单运、单藏；三是种薯采用 51~54 ℃温水浸种 10 min 左右，或 50%多菌灵可湿性粉剂 500 倍液、50%甲基托布津可湿性粉剂 500 倍液浸种 10 min，薯苗栽插时可用 50%多菌灵 500~600 倍液，蘸种苗根部 6~10 cm，浸泡 10 min；四是种薯贮藏时可采用高温愈合处理，对防治黑斑病效果较好。

4. 如何识别和防治甘薯根腐病？

甘薯根腐病俗称烂根病，主要发生在大田期，是发生较重的一种典型土传病害，其病原菌是腐皮镰孢菌甘薯专化型，属于半知菌亚门、镰刀菌属真菌。目前发现尖孢镰刀菌、腐霉菌和丝核菌等均能侵染甘薯引起根腐病。土壤中的病原菌至少可存活 3~4 年，带菌土壤和土壤中的病残体是翌年的主要侵染源。病原菌自甘薯根尖侵入，逐渐向上蔓延至根、茎。病薯、病苗、病土以及带菌粪肥均能传病，田间扩展主要靠水流和耕作活动，远距离传播主要靠种薯、种苗的调运。该病对甘薯的产量和质量影响较大，造成减产和品质下降，甚至成片死亡，造成绝收。甘薯根腐病发病温度为 21～30 ℃，最适温度为 27 ℃左右。土壤含水量在 10% 以下有利于发病。

危害症状：育苗期秧苗染病后，出苗晚而少，病苗叶色较淡，生长缓慢，先从幼苗须根尖端变黑，后蔓延至须根中部，形成褐色凹陷纵裂的病斑，皮下组织疏松，拔苗时易从病部折断。病薯块表面粗糙，初期布满大小不等的黑褐色病斑，中后期龟裂，皮下组织变黑疏松，底部与健康组织交界处可形成一层新表皮。发病重的地下根茎大部分变黑腐烂，病株不能形成薯块或结畸形薯，且薯块少而小。地上秧蔓生长较健株缓慢，植株矮小，遇日光暴晒成萎蔫状，秋季气温下降，部分品种在叶腋处易现蕾开花；重病株薯蔓节间缩短、矮化，叶片自下而上发黄，干枯脱落，主茎自上而下逐渐干枯死亡。贮藏期病斑不扩展，病薯不硬心，煮食无异味。

防治方法：根据传播途径和发病环境条件，做好甘薯根腐病防治，要采用选择抗病品种为主的综合防治措施，大力推广脱毒甘薯，建立规范的病菌传播防御体系，加强种薯质量检测，建立质量安全监测体制。选择无病地建立无病采苗圃和无病留种地，大力繁育无病薯苗，适时早栽，倒茬轮作，严格控制发病区的薯种外流造成甘薯根腐病的传播。增施有机肥提高薯秧的抗病能力。

5. 如何识别和防治甘薯黑痣病？

甘薯黑痣病一般是因为不科学的引种、连作或栽培而引发的，在北方甘薯产区均有，病原菌为甘薯毛链孢，属半知菌亚门真菌，主要危害薯块表层。病菌主要在病薯块上、薯藤上或土壤中越冬。翌春育苗时，引发幼苗发病，以后产生分生孢子侵染薯块。该病原菌主要借雨水、灌溉水传播，可直接从表皮侵入，发病温度为 6～32 ℃，温度较高利其发病。贮藏期间，窖温升高，温湿度适宜，可引起全窖薯块发病发黑；夏秋多雨，低洼、排水不良、土壤有机质含量高及土壤黏重发病重；大水漫灌、大面积连作均加重传播。新推广的优质品种也均不抗黑痣病。

危害症状：发病初期表皮呈现出各种浅褐色小斑点，然后随着生长而逐步增大，扩展成黑色或黑灰色的近圆形至不规则形大斑，湿度大时，病部生有灰黑色霉层。虽然该病斑不会深入组织内部，不妨碍食用，但薯块受病后易丧失水分，贮藏期容易干缩，对发芽有影响，并严重影响甘薯的外观品质，使甘薯的商品性变差，同时还会降低甘薯的食用价值。

防治方法：选择抗病性强的幼苗进行种植，培育无病壮苗，建立无病留种田，实行 3 年以上轮作制；适当晚栽早收，收获后晾放 10 d 左右再入窖，使薯块伤口干燥，可抑制病原菌入侵；禁止施用未腐熟的有机肥料，尤其是牛粪，会加大黑痣病发生危害的概率；注重排涝，降低土壤湿度；种薯用 50% 多菌灵可湿性粉剂 500 倍液等杀菌剂稀释液浸种 10 min；栽种时薯苗用 50% 多菌灵或者甲基托布津可湿性粉剂 500 倍液浸苗 10 min 或使用高剪苗。

6. 如何识别和防治甘薯软腐病？

甘薯软腐病一般发生在甘薯收获和贮藏过程中，主要为贮藏期病害，由多种病原菌引起，都属于接合菌亚门、接合菌纲、毛霉目、毛霉科、根霉属，其优势病原菌为黑根霉菌。病原菌附着在受害作物和贮藏窖内越冬，土壤、空气、病残体和窖壁上都大量存在，主要为害薯块，病原先从伤口侵入薯块内部，病组织产生孢囊孢子借气流传播，进行再侵染，发展极快，常常引起烂窖，造成损失很大。该病在中国分布很广，凡甘薯贮藏地区均有发现。发病适温为 15～23 ℃，相对湿度 78%～84% 利于发病。薯块有伤口或受冻易发病，一般不侵染生活力强的健康组织。病菌抗高温能力很差，在 35 ℃经 10 min 即可被杀死。

危害症状：初期染病薯块表面长出许多灰白色的霉菌，后期会变成黑色或者暗色，病害组织呈现淡褐色的水渍状，发黏，后期病部表面会长出大量灰黑色菌丝及孢子囊、黑色的霉块等，形成一大片霉毛，病情扩展迅速，2~3 d 整个块根即呈软腐状，薯皮易破，流出黄色汁液，有芳香酒气，如伴有其他微生物，则发出酸霉味和臭味，以后水分逐渐消失变成干缩的硬块。病原菌侵入后很少纵向发展，自薯块中腰部侵入导致的坏烂称为环腐型；自头部侵入导致薯块半段干缩的称为顶腐型。

防治方法：选择适宜的收获时间，避免出现冻害，夏薯应在霜降前后收完，秋薯应在立冬前收完。收薯选择温度较高的晴天，当天收获当天入窖，并尽量避免产生机械伤口。入窖前精选健薯，剔除病薯，把水分晾干后适时入窖。尽量选用新窖，旧窖要铲除内部旧土露出新土，同时用硫黄熏蒸，每立方米用硫黄 15 g。贮藏初期，入窖后 10~28 d，要打开窖门或利用通风孔及时换气，保持室内温度在 12~15 ℃，主要作用是降温、散湿；贮藏中后期，要注意保温防冻，温度保持在 10~14 ℃，避免过低；贮藏后期，需要及时通风。

7. 如何识别和防治甘薯蔓割病？

甘薯蔓割病又称甘薯枯萎病、甘薯萎蔫病等，属导管系统病害。病原菌为尖孢镰刀菌甘薯专化型，属半知菌亚门、丝孢菌纲、瘤座孢目、瘤座孢科，病菌在病薯块内或田间病残体上越冬，可在土中存活 3 年以上，因此病薯、病蔓、土壤、流水和农事操作均可传播，多由幼苗茎部或根部伤口或从带病种薯中通过导管侵入苗内，沿导管蔓延，破坏维管束结构，致使茎基、叶柄及块根受害。苗床期和大田期均可发生。该病在中国各甘薯生产区均有发生。土壤高湿利于发病，当土温在 27~30 ℃时，最容易受侵染，雨量大、次数多，利于病害流行，因此夏季发病较盛；25 ℃以下发病变慢；春季温暖多雨的情况也有利于病菌侵入为害；栽后越早发病，损失危害越重；一般沙地、沙壤土比土质黏重地块容易发病。该病菌能在土中存活 3 年以上。

危害症状：苗期发病，主茎基部叶片发黄变质。茎蔓受害则茎基部膨大，纵向破裂，暴露髓部，维管束呈黑褐色，裂开部位呈纤维状。病薯蒂部常发生腐烂。横切病薯上部，维管束呈褐色斑点。病株叶片自下而上发黄脱落，最后全株枯死。

防治方法：选择抗病品种，加强检疫，禁止从病区调入种薯、种苗；选用无病种薯和薯苗，排种和栽植前用药剂浸种和浸苗；重病地块与其他非寄主作物进行 3 年以上轮作；发现病株及时拔除，集中烧毁或深埋。

8. 如何识别和防治甘薯干腐病？

甘薯干腐病是甘薯贮藏期的主要病害之一，属于半知菌亚门、瘤座孢目、镰刀菌属和子囊菌亚门、间座壳属、间座壳菌，初侵染源是种薯和土壤中越冬的病原菌，带病种薯在苗床育苗时，病原菌侵染幼苗，带病薯苗在田间呈潜伏状态，甘薯成熟期病原菌可通过维管束到达薯块，主要从伤口侵入，贮藏期扩大危害，收获时遇低温、过湿、过干均有利于该病发生，发病最适温度为 20～28 ℃，32 ℃以上病情停止发展。

危害症状：一类是由半知菌亚门镰刀菌属引起的，薯块上呈现圆形或不规则形凹陷的病斑，发病部分薯皮不规则收缩，皮下组织呈海绵状，淡褐色，病斑凹陷，进一步发展时，薯块腐烂呈干腐状。后期才明显见到薯皮表面产生圆形或近圆形病斑，病斑初期为黑褐色，以后逐渐扩大，直径 1～7 cm，稍凹陷，轮廓有数层，边缘清晰，上层为褐色，下层为淡褐色糠腐，与黑斑病很相似，但病斑以下组织比黑斑病更疏松，且呈灰褐色，而黑斑病剖面组织近墨绿色，质地硬实，贮藏后期，此类病原菌往往从黑斑病病斑处相继侵入而发生并发症。另一类是由子囊菌亚门间座壳属的甘薯间座壳菌引起，多在薯块两端发病，表皮褐色，有纵向皱缩，逐渐变软，薯肉深褐色，后期仅剩柱状残余物，其余部分呈淡褐色，组织坏死，病部表现出黑色瘤状突起。

防治方法：从种植就应该注意，减少种苗病虫害，培育无病种薯，收获时减少机械损伤，贮藏前贮藏库应充分消毒。

米用硫黄 15 g 进行熏蒸，密闭 3 d 再开窖通风。

9. 甘薯地下害虫有几种？如何防治？

甘薯地下害虫危害时间长，对甘薯生产造成很大损失，是影响甘薯生长的重要因素，主要有蟋蟀、蝼蛄、蛴螬、地老虎、金针虫五大类。这些地下害虫危害地上部茎叶的有蟋蟀、地老虎类；危害地下部薯块、薯梗的有蝼蛄、蛴螬、金针虫类。蛴螬和金针虫属常发性病害，分布广，危害重；小地老虎属偶发性害虫，危害相对较轻。这些害虫全为杂食，可同时危害很多作物。有的只限于幼虫，如地老虎类；有的成虫和若虫都可危害，如蟋蟀、蝼蛄类等；有的成虫危害甘薯较轻且时间短，而幼虫危害重且时间长，如蛴螬（蛴螬的成虫通称为金龟子）、金针虫类。

防治方法：①农业防治。清除田间、田埂杂草，减少幼虫和成虫生存繁殖场所；春秋深翻耕土壤，破坏越冬幼虫及其生存环境，灌水轮作，施用腐熟肥料。②人工防治。人工捕杀幼虫，坚持 10~15 d，春耕时捡拾蛴螬、清晨于断苗处土层里抓地老虎。③物理防治。利用趋光性，每 2 hm² 设置频振式杀虫灯或黑光灯一盏，可有效诱杀成虫；按糖 3 份、醋 4 份、酒 1 份、水 2 份，再加 1 份菊酯类杀虫剂调匀配成诱液，傍晚置于田间，位置距地面 1 m 左右，诱杀成虫；堆草点火诱杀。④化学防治。栽植时药剂浸苗或采用 3%辛硫磷颗粒剂、5%毒死蜱颗粒剂等穴施药剂，每 667 m² 施用有效成分 100~150 g。

10. 甘薯茎叶害虫有几种？甘薯天蛾危害特点及防治措施是什么？

甘薯茎叶害虫主要有甘薯天蛾、斜纹夜蛾、甘薯潜叶蛾、烟粉虱、红蜘蛛和甘薯麦蛾等。其中，烟粉虱和麦蛾是全国各地常发害虫，直接危害甘薯造成的损失较小，但烟粉虱可传播多种病毒，从而造成严重的经济损失；甘薯天蛾和斜纹夜蛾属偶发性害虫，严重年份可将整株甘薯吃成光秆，严重影响甘薯产量；红蜘蛛主要发生在北方地区，干旱年份对甘薯前期生长影响较大；甘薯潜叶蛾北方地区发生较少。

甘薯天蛾危害特点：又称旋花天蛾，属鳞翅目天蛾科，在各甘薯栽培区均有发生。一般这种茎叶虫害都是通过幼虫啃食甘薯的茎叶，甘薯天蛾幼虫自 3 龄以后食量加大，有时甚至能把叶食光，仅留老茎，严重影响甘薯的产量。成虫具强趋光性，飞翔力强，干旱时向低洼潮湿地带迁飞；若连续降雨湿度过大时，则迁往高地，故常形成局部地区严重发生。成虫昼伏夜出，产卵有明显选择性，以通风透光向阳、叶色浓绿、生长茂盛的薯田落卵量多。甘薯天蛾每年发生代数由北向南有增加趋势，在河北、山西、北京一年发生 2~3 代，在山东、河南、安徽一年 3~4 代，田间世代重叠，导致大面积感染，极大降低甘薯的产量和质量。

防治方法：①在冬、春季对需要种植的甘薯田进行冬耕，由于甘薯天蛾越冬蛹潜藏深度较浅，在 5~15 cm，利用冬耕可有效破坏虫蛹的越冬环境，将大部分翻出地表的蛹冻死，减少甘薯天蛾越冬基数，从根源上减少虫源，减轻翌年危害。②早期需要结合田间管理，对幼虫进行人工捕杀。③利用趋光性，使用黑光灯吸引诱杀成虫；利用成虫吸食花蜜的习性，用糖浆毒饵诱杀，以减少田间卵量。④在幼虫期采用药剂防治，喷洒氯虫苯甲酰胺＋甲氨基阿维菌素苯甲酸盐进行防治。⑤夜蛾盛发期，寻找叶背上的卵块，连叶摘除。

11. 什么是甘薯病毒病？可引起哪些危害和症状？

甘薯病毒病是指由植物病毒寄生引起、能侵染甘薯的病害。由于甘薯是无性繁殖作物，一旦感染上病毒，病毒就会在体内不断繁殖、积累、代代相传，使病害逐代加重，可以引起甘薯叶片扭曲、畸形、退绿、明脉以及植株矮化等症状，造成甘薯产量降低，导致品质变劣和种性退化。

病毒病有"植物癌症"之称。调查显示，我国甘薯病毒病发生严重，一般造成产量损失 20%~40%，严重时减产幅度可达 50%

以上，甚至绝收。近年来发生频率相对较高，且呈现逐年扩散蔓延的趋势，对甘薯生产造成严重危害。我国甘薯上主要病毒病症状有以下几种。

① 叶片退绿斑点型　感病初期叶片明脉或轻微退绿呈半透明斑，生长后期，斑点四周变为紫褐色或形成紫环斑，多数品种沿脉形成紫色羽状纹。

② 花叶型　苗期染病初期叶脉呈网状透明，后沿叶脉形成黄绿相间的不规则花叶斑纹。

③ 卷叶型　叶片边缘上卷，严重时卷成杯状。

④ 叶片皱缩型　病苗叶片较小、皱缩，叶缘不整齐或扭曲，有与中脉平行的退绿半透明斑。

⑤ 叶片黄化型　形成叶片黄色及网状黄脉。

⑥ 植株矮化型　感病植株生长受到抑制，株高较正常植株显著降低。

12. 甘薯病毒有几种？为什么说 SPVD 病毒是甘薯上的毁灭性病害？

国际上已报道的甘薯病毒病原有 30 余种，我国甘薯至少存在 20 种病毒，主要有 5 种：甘薯羽状斑驳病毒（SPFMV）、甘薯退绿矮化病毒（SPCSV）、甘薯双生病毒（SPLCV）、烟草花叶病毒（TMV）、甘薯病毒病复合体（SPVD）。

近几年最严重的就是 SPVD 病毒，是由甘薯羽状斑驳病毒（SPFMV）和甘薯退绿矮化病毒（SPCSV）协生复合体共同侵染甘薯引起的病毒病害。感染 SPVD 后，甘薯植株表现叶片扭曲、畸形、叶片退绿以及植株严重矮化等混合症状，叶绿素含量明显下降，光合作用受阻，对甘薯产量影响极大，一般可使发病田块甘薯减产 $50\% \sim 90\%$，甚至绝收。2009 年我国首次发现 SPVD，2014 年山东省、河南省、江西省、湖北省、重庆市、安徽省等地的上万亩甘薯田 SPVD 爆发，成为全国性主要病害。近年来，SPVD 在我国蔓延迅速，危害逐年加重，对我国甘薯生产构成严重威胁，所以说 SPVD 是甘薯上的毁灭性病害。

13. 甘薯病毒都有哪些传播途径?

甘薯是无性繁殖作物,靠无性繁殖体进行繁殖,感染病毒后,病毒主要通过薯苗或薯块等营养繁殖体进行世代传递和远距离传播。

田间近距离传播时,薯苗、薯块带病毒病或者附近蔬菜等作物上的病毒病均可通过媒介进行传播。一是烟粉虱是主要的传播途径,由于其繁殖能力强,而且会飞,极难防治;二是蚜虫等;三是机械损伤或者工具交叉感染;此外还与土壤情况、耕作制度、栽植期有关。病毒种类不同,传毒介体也不同,SPCSV 和 SPLCV 主要通过烟粉虱进行传播;马铃薯 Y 病毒属病毒,如 SPFMV、SPVG、SPLV 等主要通过蚜虫进行传播;已知的病毒都可通过嫁接进行传播;SPLCV 和甘薯杆状病毒等部分病毒可通过实生种子进行传播。

14. 什么是茎尖脱毒? 其原理和流程是什么? 为什么说茎尖脱毒是预防甘薯病毒病的首选方式?

(1) 茎尖脱毒

利用茎尖存在无病毒区的现象,在无菌条件下切取甘薯茎尖进行离体培养,获得不带病毒的植株,这种脱毒方式称为茎尖脱毒。

(2) 生物学原理

① 一是利用病毒的复制速度慢于茎尖的生长速度 病毒在植物体内的传播方式有 2 种。一种是通过胞间连丝传播,速度较慢,很难追上活跃生长的茎尖分生组织;另一种是随着营养物质流在维管束系统传播,速度较快,但茎尖分生组织中维管束系统尚未形成,病毒颗粒几乎不能通过。同时,茎尖分生组织细胞剧烈的新陈代谢活动,使病毒无法控制寄主的生物蛋白合成机能,且分生组织中生长激素浓度较高,阻碍了病毒的复制,从而使病毒无法繁殖。所以病毒极少或没有侵染茎尖分生组织,分生组织细胞不断分裂增

殖，使病毒距生长点总保持一定的距离。

② 二是利用细胞的全能性，将茎尖培养成无病毒苗 越靠近茎尖病毒浓度越低，从薯苗上切取的 0.2～0.4 mm 茎尖培养出的试管苗极少或没有病毒感染。

(3) 具体流程

选用适应当地生态条件且经审定推广的、符合市场需求的优良甘薯品种。选择健康薯块，在 30～34 ℃下催芽。苗长 10 cm 以上时，选取生长健壮的薯苗，取茎顶端 3～5 cm，经过消毒，在超净工作台内无菌环境中 40 倍双筒解剖镜下，用手术刀片剥取带 1～2 个叶原基（长度在 0.2～0.4 mm）的茎端分生组织，接种到添加激素的 MS 培养基上，经茎尖分生组织离体培养，得到脱毒试管苗。经检测无病毒后，再利用组织培养方式或温室快繁技术快速繁殖脱毒苗。

病毒病不同于真菌和细菌病害，无法用杀菌剂和抗生素予以防治，因此要从根本上克服病毒病的危害，关键是要获得无病毒种苗。因此，茎尖脱毒是目前预防甘薯病毒病的首选方式。

15. 病毒病防治方法有哪些?

(1) 消灭传染源

采取农业防治，选用抗病毒病品种及其脱毒苗是防治甘薯病毒病最有效的途径。加强脱毒种薯繁育体系和繁育基地的建设，严把种薯质量关，建立无病留种地，培养无病种薯、种苗，并采取网室隔离措施。加强留种田和苗床期病害的早期识别、调查和检测，发现疑似病株应及时拔除，可有效降低病毒病的发病率。

(2) 减少传播媒介

减少跨区调运种薯、种苗，或引种交换过程中尽量使用脱毒种薯、种苗，可有效减少病毒病的远距离传播；加强对田间虫媒（主要指蚜虫、烟粉虱等）的防治，特别是留种田和苗期介体昆虫的防治，应喷施农药螺虫乙酯、敌敌畏等，消灭蚜虫、烟粉虱等传播媒介，及时杀死成虫和虫卵，可有效减少病毒病的发生和扩散蔓延。

(3) 加强薯田管理

做好薯田清理工作，包括周围寄生植物及其病株残体。应在初期喷洒 10%病毒王可湿性粉剂 500 倍液，或 5%菌毒清可湿性粉剂 500 倍液，或 20%病毒宁水溶性粉剂 500 倍液，或 15%病毒必克可湿性粉剂 500 倍液等抗病毒农药，每隔 7～10 d 喷 1 次，连续防治 3 次，主要作用是抑制病毒对植物的侵染、复制、繁殖以及病毒症状的表达。

16. 为什么说近年来甘薯病害中病毒病发生频率相对较高，而虫害却并未造成严重影响？

近年来调查显示，甘薯种植中常见的病害有病毒病、黑斑病、疮痂病、根腐病、蔓割病、薯瘟病等，其中病毒病发生频率相对较高，且发病率呈现逐年扩散蔓延的趋势。病毒病自 2009 年在广东省首次发现以来，已经在多个省（市）发现，包括四川、山东、安徽、河南、江苏等甘薯主产地区。病毒病可引起叶片扭曲、畸形、退绿、矮化，导致甘薯减产，通常可由薯块、薯苗、土壤、机械、昆虫、嫁接等途径传播，且由于缺乏后效的治疗手段，对甘薯种植影响极大。实地调查显示，病毒病的病毒最主要的来源是种薯、种苗。第一，甘薯育苗市场中消费者很难辨别种苗是否为脱毒繁育种苗，导致一部分经销商，尤其是远距离跨省贩运的甘薯种苗质量参差不齐。第二，一些脱毒苗繁育场由于技术和生产管理水平不过关，出厂的脱毒薯苗中可能有部分带毒。第三，农民自行留种的种薯种块未经脱毒繁育，引起甘薯病毒病暴发。第四，烟粉虱近几年发生严重，病毒传播较快。此外，在病毒病发病地区，由于未能有效实行轮作种植制度，以及对上年病毒病污染田地清理不当，也是造成这些地区病毒病蔓延的重要原因。

虫害方面，调查显示，甘薯种植过程中常见的虫害大致可分为地下害虫类、蛾类、蚁象和棉红蜘蛛等。常见的甘薯地下害虫包括蝼蛄、蛴螬、金针虫、地老虎等，蛾类包括甘薯麦蛾、甘薯天蛾、斜纹夜蛾、甘薯潜叶蛾等。以上害虫通过食用甘薯植株的茎、叶、薯块等方式，危害甘薯生长，造成甘薯减产。近年来甘薯种植中虫害发生按照严重程度排序分别为甘薯天蛾、斜纹夜蛾、蚁象、地下害虫、甘薯叶甲等。施用农药包括杀虫剂、杀菌剂、除草剂、生长调节剂和杀鼠剂，分别对应农业生产中遇到的虫害、病害、杂草、调节作物生长和鼠害，调查显示，甘薯种植中平均农药成本约为586元/hm^2，几类农药中使用程度最高的农药品种为杀虫剂和除草剂，其次是杀菌剂和生长调节剂。由于虫害防治技术较为简单成熟，所以近年来甘薯虫害并未对甘薯生产造成严重的影响。

七、甘薯收获与贮藏

1. 甘薯在贮藏期间有哪些生理变化?

甘薯从收获入窖（库）贮藏到翌年春季出窖，应控制好窖内温湿度环境，使甘薯处于强迫休眠状态，尽量减少损耗，保持新鲜。但薯块是活的机体，依然会进行着维持生命最起码的生理活动，营养物质有所消耗，薯块重量会相应减轻。贮藏窖条件好，温、湿度变化不大，薯块消耗少，重量减轻慢；反之，温、湿度变化大，消耗多，重量减轻快。了解甘薯在贮藏期间的生理变化和特点，是保证甘薯安全越冬，采取必要的管理措施的前提。

（1）呼吸变化

甘薯贮藏期间呼吸作用的强弱，和薯块自身健康程度及所处环境条件有直接关系。呼吸强度越大，营养物质消耗越多、越快。不同条件下，会出现有氧呼吸（正常的）和无氧呼吸（不正常的）两种情况。正常呼吸作用，消耗薯体内糖分，吸收氧气，呼出二氧化碳和释放水、热量，时间长久，就改变了窖内的气体正常比例和温度；甘薯呼吸强度比谷类作物大十几甚至几十倍，释放的水分和热量也多。缺氧呼吸，是由于贮藏量过多、封闭过严、呼吸作用导致氧气供应越来越少，薯块较长时间处于缺氧条件下，被迫进行不正常的呼吸作用，同样消耗养分，产生酒精，使薯块发生酒精中毒，最后腐烂。

（2）淀粉和糖的变化

薯块除含水分外，淀粉含量较多，一般含量在20%左右，其次是糖约 3%。贮藏过程中，薯块呼吸作用，不断把淀粉转化为糖和糊精，淀粉减少，可溶性糖显著增多。贮藏期内，淀粉含量减少20%～40%，糖含量比入窖时增加近 1 倍。这就是薯块经存放后甜度明显增加的原因。

贮藏期温度高低和淀粉、糖的变化有密切关系。薯块受过低温后贮藏，淀粉含量很快下降，可溶性糖明显增高，这是薯块通过增加糖分来提高细胞液中糖浓度，增强自身抗低温能力的结果。高温条件下则不同，由于旺盛的呼吸作用，糖类消耗明显增多，相当多的糖分解为二氧化碳、水和能量，糖的积累不多。所以，淀粉下降20%，糖仅增加 2%左右。

(3) 水分变化

甘薯水分含量在 65%～70%，甚至更多，但在贮藏期内变化不大，细胞为了维持生命活动，必须始终保持水分平衡，除外界补充一部分水以外，体内淀粉、糖的转化分解也产生一定数量的水，所以，水和干物质的比值变化不大。

(4) 果胶质的变化

果胶质能巩固细胞壁，使组织坚实，增强抗病力。甘薯果胶质含量在贮藏期间显著减少，约减少 40%，使薯肉组织松软。受低温冷害或遭涝灾水渍的薯块，其水溶性果胶转化成不溶性的原果胶，蒸煮后有硬心，食味大减。

(5) 愈伤组织的形成

由于薯皮薄嫩，难免有破皮带伤的进入窖里，但贮藏一个时期或翌年出窖时，会发现薯块伤疤部位没有凹陷，反而长出稍高一些的平滑面，轻按有弹性感，这就是形成的愈伤组织，具有防止病菌侵入、增强弹性的作用，利于安全贮藏。

2. 影响甘薯安全贮藏的主要因素，或者说导致甘薯腐烂的主要原因是什么？

甘薯腐烂是多种原因造成的，有薯窖保温性能差、管理措施跟不上、收获时选薯挑选不严等客观贮藏条件和主观因素，任何一个环节出现问题，都会影响整个贮藏效果，因此，甘薯安全贮藏，必须具备质量高的薯块、良好的贮藏条件和认真负责的管理，才能达到目的。影响因素主要有以下几点。

(1) 甘薯生理病害

① 冷害。冷害是指薯块在 9 ℃以下放置时间稍长，组织功能遭受破坏，最后丧失生活能力。甘薯冷害多发生在甘薯收获前后和冬季贮藏期间，是造成贮藏期内甘薯大量腐烂的重要原因之一。冷害的症状是薯块头尾颜色变暗，表面有明显凹陷斑块，掰开后可看到断面很少有白浆，薯肉中维管束变黑，有的发生硬心，蒸煮不烂，严重的食味变苦，继续贮藏大量腐烂。冷害发生是一个渐进过程，受冷程度有重有轻，与处于低温时间的长短有直接关系。轻度受冷即使贮藏期内不烂，育苗时也不发芽或发芽很少，有的依然腐烂，特别是温水浸种的种薯，更容易腐烂。相关研究表明，低温胁迫在一定程度上加速了甘薯中腺嘌呤核苷三磷酸和腺嘌呤核苷磷酸含量的下降，导致细胞能量供应不足，加速细胞衰老或死亡。甘薯在低温下总抗氧化能力先增加，随着冷害程度的加重，活性氧大量积累，酚类等生物活性物质因清除活性氧而使抗氧化能力下降，从而导致甘薯营养品质降低。因此甘薯收获和贮藏中最低温度不能低于 9 ℃。

② 湿害与干害。甘薯采后最适的贮藏相对湿度为 85%～90%。甘薯无生理休眠期，刚收获时呼吸强度大，释放的水气在薯块表面遇冷，凝结成水珠，称为"发汗"。"发汗"的水分，易在屋顶、墙壁和甘薯块根表面产生结露，浸湿表层的薯块，利于病菌的繁殖和侵染，发生湿害。如通风不良，薯块旺盛呼吸释放的热量（即堆积热）不能及时排出，就会越积越多，形成一段时间高温高湿，能够促使薯块发芽，也最有利于病菌繁殖蔓延。若混入伤、病薯，呼吸强度更大，最终会导致大量腐烂。健康无病薯不会腐烂。干害是由于采后贮藏湿度过低，甘薯的细胞原生质失水，因而发生生理萎蔫现象，导致重量减轻，薯皮颜色发暗。

③ 缺氧伤害。呼吸作用是农产品收获后重要的生理活动之

所有甘薯的呼吸都是跃变型呼吸。甘薯呼吸作用消耗了环境中的大量氧气，周围环境中二氧化碳浓度过高，甘薯由于没有氧气而呼吸作用发生异常。研究表明，甘薯在收获后 10 d 以内出现呼吸高峰，随后呼吸强度下降较快，跃变时呼吸强度值低，仅为 0.6 mg/（kg·h）。如果在贮藏期间空气流通不畅的情况下甘薯就会进行无氧呼吸，产生对甘薯贮藏不利的酒精等有害物质，引起内部发酵，生理机能减弱而导致生理病害，最终发生腐烂。因此，甘薯块根采后需要贮藏在通风良好的环境中，空气中的含氧量不低于 4.5%。

（2）甘薯微生物病害

除去生理原因外，甘薯病害危害薯块，造成薯块本身带菌或采后病菌由伤口侵入，在贮藏期湿度、温度适宜时易发薯块腐烂，也是重要原因。甘薯软腐病、黑斑病、灰霉病、干腐病等是甘薯贮藏过程中的主要微生物病害，严重影响甘薯的经济价值。详见病虫害防控章节。

3. 建贮藏窖（库）的要求和原则是什么？

贮藏窖（库）是甘薯安全贮藏的重要条件，其建造形式与质量关系到甘薯的贮藏效果。因此，要求贮藏窖在结构设计上，必须尽量少受不利气候条件的影响，保证甘薯能安全越冬；在窖型选择上，要充分利用当地有利条件，就地取材，因地制宜，经济实用。

原则是：要有良好的通风设备，贮藏初期能避免高温、高湿，使温湿度不超过贮藏所需的安全指标；要有良好的保温防寒性能；结构坚固耐用，要经得住自然灾害的袭击，贮藏期间不至于发生坍塌和漏水；管理要方便。

4. 甘薯贮藏管理的基本原则？

（1）前期通风降温散湿

在不进行高温愈合处理的一般贮藏窖（库）中，由于薯块入窖初期外界气温较高，薯块呼吸强度大，释放出大量的水汽、二氧化碳和热量，容易形成高温高湿的环境条件，适宜病菌繁殖，易造成

"烧窖"腐烂，薯块也容易发芽消耗养分。因此，这阶段要注意通风、降温、排湿，使窖温稳定在 11～14 ℃，相对湿度控制在 90% 左右。

（2）中期保温防寒

一般入窖 40 d 到翌年立春前为贮藏中期。此期时间长且处于严冬寒季，薯块呼吸作用已减弱，产生热量少，是最易受冷害的时期，因此，管理上以保温防寒为中心。要根据窖内温度的变化，适时采取封闭门、窗、气眼或薯堆盖草等保温措施，有条件的地方可用电热线或安装控温仪调节窖内温度，使窖温保持在 11～14 ℃。

（3）后期稳定窖温，及时通风换气

立春至出窖这段时间为贮藏后期。立春后气温回升，但寒暖多变，薯块经过长期贮藏，呼吸强度微弱，对不良环境抵御力差，极易遭受软腐病危害。此阶段应稳定窖温，适当通风换气，还要保温防寒，保持窖温在 11～14 ℃。一般可在晴天中午开启门或气窗通气排湿降温，排除窖内过多的二氧化碳，下午再关闭门窗。如遇寒流，要做好防寒保暖工作。

5. 甘薯有哪些贮藏与保鲜技术？

（1）甘薯物理贮藏与保鲜技术

① 热处理。热处理一般指在贮藏前短时间内，使用适当温度处理甘薯，杀死或抑制甘薯自身带有的病原菌，抑制相关代谢酶活性，从而延长保鲜期。由于热处理技术处理时间较短，对各项生化指标影响较小。研究表明，45 ℃、50 ℃、55 ℃热水处理 5 min，以及 45 ℃、50 ℃热水处理 10 min 对甘薯都有较好的防腐效果。同时，热处理还能降低甘薯淀粉酶活性从而抑制了淀粉的水解，更好保持甘薯硬度、减缓呼吸强度以及增加淀粉、维生素 C 含量，较好保持甘薯的贮藏品质，对甘薯的营养品质和加工品质无损害，并能有效防止长期贮藏过程中甘薯黑斑病的发生。

② 辐射处理。辐射处理是利用电离辐射产生的 γ、β、X 射线

照射，降低果实的呼吸强度、抑制新陈代谢，具有较好的灭菌、杀虫、消毒和防霉等效果，该技术在甘薯贮藏、保鲜上已经得到广泛应用。研究表明，0.05 kGy 的辐照剂量能够有效抑制甘薯块根发芽，同时该辐照剂量对于甘薯生理生化及营养指标影响不大。

③ 愈伤处理。愈伤处理是指在甘薯局部受到创伤刺激后，在适宜环境条件下伤口或表皮下形成木栓层，从而减少水分蒸腾，防止氧化变质、病原菌侵染。研究表明，最适的愈伤条件是在温度 30～35 ℃愈伤 3 d 能显著延缓甘薯腐烂，经过愈伤处理的甘薯在腐烂率、含水率、呼吸强度、可溶性总糖含量及淀粉含量等方面明显优于未经过处理的甘薯。

（2）甘薯化学贮藏与保鲜技术

① 化学药剂保鲜。化学药剂保鲜是指通过化学物质的化学特性保鲜、延长贮藏期的方法。在甘薯贮藏与保鲜中，常用的化学药剂有 1-甲基环丙烯（1-MCP）、外源乙烯、臭氧、杀菌剂等。

1-MCP 作为一种安全无毒的乙烯抑制剂，更容易与乙烯蛋白受体发生不可逆结合，阻止乙烯与受体结合，导致乙烯信号传导受阻，从而降低甘薯呼吸速率，减少营养物质的消耗，延长保鲜期。

乙烯作为一种天然气体激素存在于大部分植物中，根据激素平衡调节的原理，利用外源乙烯改变内源植物激素的平衡，可以延长休眠、抑制发芽。乙烯利（外源乙烯）成本低，安全性好，可商业化批量生产，在保鲜贮藏中广泛使用。研究表明，以 1 g/L 外源乙烯处理甘薯，在较好保持甘薯品质的同时，不易产生高浓度外源乙烯导致的甘薯块根开裂等问题。

臭氧在常温常压下是一种有特殊臭味的淡蓝色气体，具有保鲜、灭菌、防止霉变等功能，主要通过破坏病原菌的细胞壁或细胞膜、有效降低贮藏过程中各种微生物病害的发生。臭氧灭菌迅速、广谱高效，不会造成二次污染，在农产品贮藏过程中应用广泛。研究表明，通过调节贮藏环境的气体浓度，使用甘薯臭氧物理强度钝化杀菌处理核心技术，可以提高甘薯的贮藏保鲜效果，好薯率可达 99.76%，该技术具有操作简单、能耗较低及保鲜效果较好等特点。

化学杀菌剂作用机理是将化学杀菌剂喷施在甘薯表层，干扰病原菌的细胞分裂过程，抑制表面、内部和环境中的病原菌，延长贮藏时间。研究发现，将甘薯经过噻苯咪唑熏蒸、贮前低温处理、塑料袋包装，能够明显抑制霉菌生长发育与淀粉酶、多聚半乳糖醛酸酶活性，从而降低了淀粉转化成糖的速率，降低甘薯呼吸作用，延缓了甘薯采后生理衰老进程，保持甘薯原有良好品质。但是杀菌剂具有一定的毒副作用，并且面临杀菌剂残留等问题，限制了其在甘薯保鲜贮藏特别是鲜食甘薯贮藏方面的广泛应用。

② 涂膜保鲜。涂膜保鲜是指采用某种特定物质作为涂膜剂，将其均匀涂于表面，阻塞表面气孔、皮孔，同时抑制气体交换与薯块采后部分生理活动，减少水分蒸发，减轻表皮机械损伤，是目前应用较为广泛的保鲜技术。目前，国内外广泛应用的涂膜材料有糖类、蛋白质、多糖类蔗糖酯、聚乙烯醇、单甘酯等。研究发现，"果蜡＋柠檬酸"处理的甘薯腐烂率和失重率较低、处理效果最好，同时能够明显延缓紫甘薯块根花青素含量下降，有效延长紫甘薯货架期。

(3) 甘薯生物贮藏与保鲜技术

① 微生物保鲜。微生物保鲜技术是利用菌体本身或其产生的代谢产物（如蛋白酶、抗生素、过氧化氢等）抑制或杀灭果蔬表面的微生物，以达到防腐保鲜的目的。研究发现，四霉素对甘薯长喙壳菌分生孢子萌发以及菌丝生长均表现出较强的抑制作用。同时，1％枯草芽孢杆菌可湿性粉剂和 2％ 宁南霉素对甘薯黑斑病菌菌丝生长抑制效果明显。

② 天然提取物保鲜。天然提取物保鲜是指从植物、动物体内提取生物活性物质，通过该活性物质抑制甘薯表面微生物活性，降低果蔬生理代谢，从而延缓衰老的方法。研究发现，多酚氧化酶（PPO）作为导致甘薯褐变的关键酶，抑制 PPO 活性可以降低甘薯褐变程度。黔农 7014 苦荞茎叶磷酸盐提取物可有效抑制甘薯块根PPO 活性。此外，天然提取物还可以用于降低甘薯烂薯率、提高甘薯贮藏后品质。同时，有研究发现从植物中提取的精油对甘薯

块根萌芽具有一定的抑制作用。

6. 什么是高温愈合技术?

在有加温条件的贮藏库中,高温愈合技术是入库后的第一项重要工作,整个高温愈合处理需要 2 d 的时间。刚入窖时应快速升温,并防止库温在黑斑病适宜发病的范围(23~27 ℃)内停留时间过长,当库内空间温度达到 35~38 ℃时,暂停加温,并保持该温度 24 h,严控薯堆表面的温度不能超过 40 ℃,以免发生高温热害。24 h 以后,进入缓慢降温阶段,先停止加温,进行自然降温,当温度降到与窖温一致时,就可离开高温愈合区。高温愈合完成。

7. 甘薯安全贮藏调控技术如何操作?

(1) 适时收获

甘薯的块根是无性营养体,没有明显的成熟标志,但收获过早或过晚都不好。收获过早,会减少甘薯干物质积累,降低产量;收获过晚,会受低温冷害,耐贮性下降。当温度降低到 18 ℃时,甘薯开始停止生长,光合能力、养分积累和运转能力等一切生理活动都减退。在北方地区,一般日平均气温降到 15 ℃左右时即为最佳采收期,降到 12 ℃左右时结束。一般应在霜降前收获,切忌霜打叶黑时再收获。收获后在田间择优装箱,薯块选择标准为无伤、无病、无水渍,要轻拿轻放、轻装轻运,以免碰伤薯皮。宜选用瓦楞纸箱,保温保湿,不易伤薯。

(2) 薯窖处理

选择背风向阳、地势高燥、排水良好、土质坚实、管理运输方便的地方建窖。窖的大小、种类依需要而定。旧窖入窖前应进行消毒杀菌处理:将窖壁及窖底刮去 4~5 cm,并在窖底撒一层生石灰;或用硫黄烟雾熏窖,用量为15 g/m³,在窖内点燃硫黄进行燃烧熏蒸,并封闭窖口 2 d,然后放出烟气;或用 2%硫酸铜液,或甲醛和高锰酸钾混合液喷洒窖内地面和墙壁消毒。甘薯贮藏量以不超过薯窖空间的 2/3 为宜。

（3）薯块处理

春薯因为直接食用，不建议使用杀菌剂，甘薯入窖应保留两端的蒂尾，以免损伤果肉。如果必须要用，可用50%咪酰胺200～300倍液，浸泡薯块5 min，控水晾干后入窖，一般药剂处理30 d后方可食用。如做种薯，应用50%甲基托布津可湿性粉剂200倍液浸种10 min，或用50%多菌灵可湿性粉剂500～800倍液浸种2～5 min，晾干后入窖，可以有效预防黑斑病和软腐病。

（4）温湿度调控

① 入窖初期管理。甘薯入窖前1～3 d应进行高温愈合处理，如果温度达到35～37 ℃，保持24 h即可，如果温度达到28～35 ℃，保持2 d，如果温度达到20～23 ℃，保持3 d，最好不要在25～28 ℃，这个温度范围容易感染黑斑病。高温愈合处理后，应以降温散湿为主，入窖后30～40 d，薯块呼吸旺盛，产生的热量较多，窖内温度高、湿度大，这一时期通风换气很重要，最好是自然通风，敞开门窗和气眼，防止二氧化碳浓度过浓，氧气严重不足，引起缺氧呼吸和酒精积累中毒，导致烂薯，这个时期温度一般可保持在14～18 ℃，相对湿度在75%～85%。

② 贮藏中期管理。甘薯贮藏中期以防寒保温为主。烟台地区在甘薯入窖后40 d至次年1月末期间，窖外温度低，薯块呼吸作用逐渐减弱，薯块最易受冷害，这一时期应及时保温、保湿和防寒。采取封严门窗、洞口及气眼和在薯堆上加盖覆盖物等措施，保持薯堆温度在11～13 ℃，相对湿度在85%～90%。发现有坏烂、发病薯块要将表面的及时清除，降低感染概率。贮藏中切忌翻动，因为翻动会加快薯块的病害传播，容易出现烂窖。

③ 贮藏后期管理。2月以后，薯块经长期贮藏后，呼吸强度变弱，对不良环境的抗御能力变差，如果温度过低极易发生冷害，这一时期应以稳定窖温为主，窖温应维持在11～13 ℃。贮藏量大的薯窖，选择在晴天中午高温时间段进行通风换气，但风不宜过大，通风时间也可短一些，并及时关闭。在整个贮藏过程中，要定期测量窖温和薯堆温度，发现问题及时采取调控措施。

（5）气体调控

长期贮藏时，薯块的呼吸作用使窖内氧气减少、二氧化碳浓度增加。当二氧化碳浓度达到一定量时，呼吸强度受到抑制，严重时会使薯块缺氧腐烂。在检查薯窖时，应先点燃蜡烛测定窖内氧气状况，烛光不亮或烛火熄灭表明窖内缺氧，必须打开门窗进行通风换气。甘薯块根正常呼吸转为缺氧呼吸的临界含氧量约为 4％，安全贮藏条件以氧气含量不低于 18％、二氧化碳含量不超过 3％为宜。研究表明，对甘薯进行气调贮藏比普通冷藏效果好，气调贮藏 150 d，甘薯感官新鲜饱满，不生根、不萌芽、不软腐、不糠心。

8. 甘薯运输中如何保持品质?

甘薯运输多以常温物流为主，甘薯在 16～35 ℃ 的储运环境下极易发芽，发芽后对品质影响较大，商品价值下降，因此甘薯运输前先对薯块进行 30～35 ℃ 的高温愈合，再进行运输，运输温度保持在 11～18 ℃，适度通风，既能不发芽，又能保持薯块不腐烂。

9. 目前甘薯生产上安全贮藏存在的主要问题有哪些?

目前，在甘薯生产上，安全贮藏仍是一个难题，其主要问题有以下几个方面。

（1）贮藏库（窖）简陋，贮藏条件差

目前国内大型和高标准的甘薯贮藏库较少，多数为薯农自建的窖或洞，贮藏条件简陋，温湿度不易控制，特别是遇到不利气候条件时，往往造成烂窖，损失惨重。

（2）传统土法贮藏，贮藏损失率高

主要依靠薯农的经验，传统土法调控贮藏库（窖）中温湿度，贮藏风险较大。

（3）缺少科学的贮藏技术

目前，由于贮藏机理的研究较少，因此关于甘薯保鲜贮藏的技术较少，国内还没有实现鲜食甘薯贮藏的周年供应。

10. 为什么说加强甘薯保鲜贮藏技术研究，是甘薯产业发展的重要内容之一？

甘薯一般以块根为收获物，薯块含水量高、组织柔嫩，较易在采收、运输、贮藏过程中产生机械损伤。通常而言，甘薯贮藏的最适宜温度是 10~13 ℃，适宜相对湿度是 80%~90%。但是由于历史经验、自然条件、贮藏时间、甘薯品种的不同，各地区对鲜薯保藏技术的诉求、模式与关键指标均有一定的差异，造成巨大的经济损失，严重制约甘薯产业化、集约化发展。例如南方地区鲜薯贮藏的关键是合理降温，北方地区的关键是保温；地下式、半地下式、地上式窖藏的薯窖规格、摆放方式等均不相同。因此，如何结合各地区特点与甘薯品种特征，有针对性地构建鲜薯保藏环境控制标准与模型，降低甘薯贮藏期间的损失率，规避风险，优化产业链价值分配结构，是提高农民收益，合理调节优化甘薯上市时间布局，调节市场供给的重要措施。各级政府部门，尤其是以甘薯为主导产业的地方政府部门应充分重视，将适宜本地的甘薯保藏技术开发列为产业发展的重点内容之一，并加大财政支持力度，为相关研究工作的开展提供政策和经费保障。

八、甘薯加工与开发

1. 我国甘薯的加工现状如何？前景怎样？

加工是甘薯产业发展的驱动力。20 世纪 90 年代以后甘薯休闲食品加工开始出现，进入 21 世纪后，甘薯加工企业如雨后春笋般大量涌现，鲜薯开始包装上市，紫甘薯价格表现出较大优势，我国甘薯加工产业进入高速发展阶段，2010 年以后进入转型升级阶段。

（1）加工产业现状

目前，随着我国甘薯种植规模化、集约化和机械化水平的提高，我国甘薯产业不论是种植还是加工，集中度均在不断提高，甘薯种植正逐步由过去的广覆盖向区域性集聚、由各家各户的家庭种植向专业大户集聚；甘薯加工企业正由星罗棋布的小加工厂向规模化、集约化的加工企业集聚，在甘薯主产区，大中型甘薯加工企业在逐年兴起，甘薯加工产业化进程加快推进，加工行业摒弃技术落后、污染较大、低效耗能的传统方式，加快转型升级，走向高效、集约、生态的现代农产品加工之路。随着社会经济发展和科技进步，我国甘薯加工产业的加工方式、经营方式、消费结构和市场格局都发生了巨大的变化，甘薯产业在农民增收、农业增效等方面正在发挥重要作用，已成为我国农村重要的支柱产业。

① 甘薯加工企业发展现状。目前，我国甘薯加工产业多种生产方式并存，主要有家庭手工作坊式、专业户半机械化的中小型加工厂和上规模的全程自动化流水线加工企业等。其中，植根于农村千家万户的家庭作坊、小规模家庭企业以及甘薯专业合作社联户经

营的加工厂占有较大的比重，一定程度上决定了我国甘薯加工产业的规模化和集约化程度还不高。据 2015 年对 46 个甘薯加工企业的调研数据表明，甘薯加工企业多数经过了 5～15 年的创业成长期，其中个别企业经过了 30 多年的发展历程，它们多数都是从小作坊、村办或乡镇企业开始，逐步经过技术升级、设备改造一步步发展起来。在这个过程中，大量的传统落后的家庭作坊、小企业或被淘汰、或被先进的大中型规模化企业所取代。目前，受成本增加、产能过剩、投资放缓等因素影响，新建甘薯加工企业增速明显放慢，而现存企业加快了设备、技术改造升级的步伐。

"十三五"期间，我国甘薯种植面积基本稳定在 350 万 hm^2 左右，鲜薯总产量为 1 亿 t 左右，鲜薯食用，淀粉加工用，饲料、留种及损耗等约占比重分别为 30%、55%、15%。甘薯产业经济产值构成上，鲜薯产值为 9 000 亿元左右；淀粉加工制品的产量和产值分别为 1 000 万 t 和 1 600 亿元左右，包括工业淀粉 300 万 t、产值 200 亿元左右和食用类淀粉产品（粉丝、粉条、粉皮、全粉）等 700 万 t、产值 1 400 亿元；甘薯休闲保健加工食品达 100 万 t、产值 200 亿元左右；甘薯产业年总产值达到 10 800 亿元左右。

近年来，由于优质食用型品种（如烟薯 25 等）的成功选育和推广，鲜食和食用甘薯面积得以提升，甘薯实际种植面积由多年稳定的 350 万 hm^2 增长为 400 万 hm^2，薯农收益有了很大提高，并带动相关一二三产业同步发展。因此，未来我国甘薯加工产业市场前景十分广阔。

② 甘薯淀粉加工业发展。21 世纪的前十年（2001—2010 年），淀粉加工业发展最为迅猛，企业原料由传统上的农民将甘薯切晒成薯干后再加工的习惯被鲜薯加工所取代，手工作坊被联户半机械化加工作坊所取代。甘薯淀粉具有高黏特性，是理想的食用型粉丝、粉条原料，用其制成的粉丝等食品透明度、聚合度与成膜性均较好，且弹性较强、耐煮、口感筋道，受到我国乃至东南亚周边国家及世界各地华人的喜爱，有深厚而广泛的饮食文化根基，国内外市场需求较大。目前主要用于加工粉丝、粉条、粉皮制品以及淀粉类

休闲食品。由于甘薯淀粉比玉米淀粉价格高，市场上经常出现甘薯淀粉混入玉米淀粉的现象，一度引起滞销。按照目前全国鲜薯产量1亿 t、甘薯加工比例55％计算，甘薯淀粉及其淀粉类制品的产量约为1 000万 t。

据中国海关数据，我国甘薯淀粉的出口量、出口额分别为35 180.27 t和4 450.52万美元，主要出口到韩国、泰国、日本、新加坡、美国、菲律宾、马来西亚、越南等20多个国家和中国香港、中国台湾金马关税区等地区，主要以江苏、山东、河北3省为主。除了直接出口甘薯淀粉，近年来，一些甘薯淀粉加工制品尤其是高端甘薯粉丝、甘薯粉条也日益受到国际市场青睐，韩国、日本等国对我国甘薯淀粉制造业的依赖度较高。

近年来甘薯淀粉加工已成为甘薯产区一大投资热点，每公顷薯田可产甘薯37.5 t，可加工出约7.5 t淀粉，直接产值约37 500元，若加工成普通粉丝、精制粉条、水晶粉丝、方便粉丝等，其产值可增加2～3倍甚至更高，其效益明显高于其他粮食作物的种植收益。由于受环保政策的影响，小型淀粉加工企业大幅度萎缩，同时，随着新型甘薯淀粉加工机械的研制推广，甘薯产业科技进步不断升级，产业化、规模化的大型现代化淀粉加工企业，采用成套先进的淀粉设备，工艺流程实现了自动化，生产效率和产品质量大大提高，淀粉获得率达85％以上，年鲜薯加工能力达10万 t以上，甘薯淀粉的年产量可达2万 t，增强了企业市场竞争力，推动了薯区农村经济的发展。

③甘薯食品加工业发展。进入21世纪以来，随着农产品加工业的发展，甘薯食品加工逐步向多样化发展，包括红心薯干、各种风味薯片、甘薯锅巴及膨化食品等各具特色的多种甘薯休闲食品，营养丰富、味道好、食用方便、便于携带和贮藏，满足了多元化的市场消费需求。甘薯与其他多种营养原料搭配，开发出许多营养全面、味美色艳的复合型甘薯酱（泥）、薯糕、薯羹、薯脯等系列产品，深受消费者喜爱。近年来甘薯加工企业不断引进国外的新技术、新设备，提升产品质量，向健康、营养、安全的方向发展，在

原料、配料、口味、质感、制作、包装等方面推陈出新，开发出如以甘薯复合苹果、胡萝卜、食用菌等数十种新鲜果蔬制作而成的果蔬脆片系列纯天然休闲食品，口感好、营养佳、市场畅销。

近年来，甘薯食品加工开始向精加工、深加工方向发展，如甘薯保健成分提取、薯蜜、膳食纤维粉、浓缩甘薯汁、甘薯全粉、冰烤薯等。甘薯花青素的生产在我国起步较晚，规模偏小。甘薯全粉生产排污量低、耗水量少、废料率低、利用度高，复水后接近新鲜甘薯蒸熟后捣成的泥状，保留了甘薯原有的营养、色泽、风味和口感，非常适合作为食品加工的原料，近年来成为热点，特别是紫薯全粉市场需求量较大。

休闲食品在食品消费市场上占有极其重要的地位，其食品色、香、味俱佳，且营养丰富、食用方便，符合现代人的消费习惯和消费时尚。甘薯含有丰富的食物纤维、类胡萝卜素等，营养价值高，甘薯经蒸煮加工后，部分淀粉发生变化，相较生甘薯食物纤维可增加40%左右，经常适量食用以甘薯为原料加工制成的薯干、薯脯等休闲食品，可有效刺激肠道，对身体有一定保健作用。根据我国食品工业的长期发展规划，方便食品制造业产值将以年均30%的速度增长，其中方便休闲食品行业将达千亿元规模，市场空间巨大。甘薯休闲食品无疑也有着巨大的市场潜力和广阔的发展空间。

④ 甘薯酒精类加工业发展。甘薯酒精类产品包括食用、医用和燃料用酒精。利用甘薯酿制白酒、黄酒等逐步受到市场欢迎。随着我国原油对外依存度的逐步攀升及原油价格持续高位运行的刺激下，酒精作为石油的替代品得到了越来越广泛的应用，2007年国务院会议指出，要把可再生能源的发展作为一项重大战略举措。利用甘薯作为原料生产燃料乙醇得到了较快发展，但整体发展水平还较低，主要以中小企业为主，生产技术滞后、缺乏科技创新，还存在诸多技术难题，如新鲜甘薯原料含水量大，能耗高、成本高；甘薯淀粉黏度大，呈半固体状，缺乏流动性的非牛顿流体，传质传热能力非常差，严重影响其液化和糖化效果等，短期内难以在我国能源安排中扮演重要角色，但随着甘薯育种技术的重大突破，甘薯品

种乙醇转化效率显著提高，甘薯作为乙醇原料用作物潜力有可能发挥。

（2）加工产业前景

随着加工专用品种的选育、种植大户带来的原料保障、科研单位及企业对新装备和技术研发的重视，甘薯加工行业正在加快转型升级，摒弃技术落后、污染较大、低效耗能的传统方式，走向高效、集约、生态的现代农产品加工之路，未来我国甘薯加工产业市场前景十分广阔。

2. 紫甘薯加工产业发展情况？

紫甘薯的加工和销售在甘薯加工产业中占比较小。紫甘薯加工产品除涉及全粉、粉丝粉条等传统品类外，还包括紫甘薯色素、甘薯主粮、方便休闲食品三大品类。紫甘薯全粉、紫薯粉丝粉条等传统品种加工量和产值占紫甘薯加工产业的占比超过 50%，其中紫甘薯全粉的占比超过 40%。紫甘薯色素加工主要是指花青素的提取与加工，中国紫甘薯花青素产值占整个紫甘薯加工产业的占比超过 15%。数据显示，2012—2017 年，中国花青素产量持续增长，从 1 201 t 增长至 5 662 t，紫甘薯色素提取产业发展势头迅猛。紧随其后的是紫薯馒头、紫薯粥、紫薯方便休闲食品等，尽管单品种产值占比不高，但由于方便休闲食品品种丰富，其累计占比与色素等较为接近，较紫甘薯主粮产品的产值占比高出 3 个百分点。

3. 北方甘薯加工和开发利用中存在哪些问题？有何对策？

当前，许多地方政府都把发展甘薯种植和甘薯加工作为当地调整农业产业结构和增加农民收入的重要工作来抓，相继涌现出一些开发利用甘薯的农业产业化龙头企业。但是，甘薯产品在开发利用中仍然存在不少问题。对这些问题，我们应该认真对待，采取积极有效的对策，促进甘薯加工产业的健康发展，以保证农民增产增收。

（1）存在问题

① 加工专用型甘薯品种缺乏，优质品种推广不力　甘薯品种的特性决定了甘薯的加工利用，例如加工淀粉的甘薯，应该是淀粉含量尽可能高而可溶性糖含量低的品种。虽然在培育新的甘薯品种方面进行了很多研究，也培育出了一些适合于不同加工用途的甘薯新品种，但是推广应用不是很普遍。因此，加工专用型甘薯品种的缺乏以及优质品种的推广不力，较大程度限制了甘薯产业的发展。

② 龙头企业较少，生产较为分散　目前，北方地区的甘薯加工企业普遍存在着规模小、散、乱的现象，中小企业居多，具有国际竞争力的上规模的龙头产业化企业很少。农产品的加工靠规模效益，甘薯加工业也不例外。

③ 甘薯产业的资金投入不足，产品开发的科研环节薄弱　涉足甘薯产业的企业多为民企，资金筹措渠道有限，因此用于扩大生产规模的资金投入不足，无法形成龙头企业。对甘薯加工的科学研究和开发来讲，企业很少，多数由高等院校和研究所来承担，但目前仍然很薄弱。

④ 甘薯产品缺乏统一的质量标准　随着生活水平的提高，人们越来越关心食品的质量，怎样提高加工食品的品质，有效防止食品加工过程中影响食品质量的变化，尤其是食品中的农残、添加剂等不安全因素，是相关加工装备研发过程中需要考虑的重要因素，譬如，甘薯粉丝中明矾是否允许添加、加量有何限制等，这些质量指标的不确定性也制约着甘薯食品的发展。甘薯产业的发展，必须要靠产品标准来规范，如《食用甘薯淀粉》（GB/T 34321）为以甘薯为原料生产食用淀粉提供了规范。但是目前，甘薯加工标准和质量控制体系不健全的问题较为突出，甘薯加工设备的设计、制造和使用中，也未能充分考虑和有效使用国际上同行业的机械安全、卫生要求、结构优化、分析与风险评价等技术，致使一些产品降低了市场信誉。

⑤ 加工设备落后，配套能力差，机械化程度低　只有拥有先进的技术装备做保障，才会生产出高质量、低成本、强竞争力和高

附加值的产品。许多甘薯加工企业，加工装备水平虽有进步，但内在性能、外观等方面的整体水平与国外相比仍存在较大差距。尤其大多数中小型加工企业的设备制作粗糙、效率低下、稳定性差，不符合食品加工的要求，而且多为单机，配套能力差。因科研投入不足，缺乏与技术发展相适应的科研手段和设施，基本不具备自主研发能力，主要还是以仿制或稍加改造为主，产业高端技术仍依靠进口，有自主知识产权的产品很少。

⑥ 资源的综合利用程度低　一方面，由于甘薯加工技术落后和缺乏多层次配套技术，造成大量有价值的成分在加工过程中流失，如含营养废水、甘薯渣、甘薯皮等副产物不能得到充分利用，没有实现附加价值的提升，特别是淀粉提取过程中，由于缺少有效利用方法，其产生的废渣和废水已成为污染源，许多地区的加工企业甚至无法通过环境评估而被迫停产。另一方面，甘薯的茎叶含有多种功能因子，仅仅作为畜禽饲料，是一种浪费。可见，缺乏先进的工艺配套加工技术和生产设备，是造成资源利用率低的重要原因。因此，甘薯的综合经济效益一直没有大的提高。

⑦ 原料供应不够稳定，加工周期短　甘薯种植多以一家一户小农生产为主，缺乏与大型生产企业生产能力相配套的原料基地，许多企业通过订单收购或自行种植，无法扩大生产规模；而且甘薯属于季节性农作物，收获期集中，鲜薯的存放期短，一般为1～2个月。如果没有适宜的贮藏技术和贮藏条件，就会造成巨大的腐烂损失，导致甘薯失去食用和加工价值。目前甘薯大规模的贮藏保鲜技术非常缺乏，加工周期短，设备利用率低，大大制约了甘薯加工业的发展。

⑧ 销售方式落后　目前，甘薯食品的销售多以原料薯的形式在农贸市场出售，缺乏包装和对甘薯营养价值的宣传，以及缺乏甘薯加工制品的优势品牌等，限制了甘薯的销售量。

(2) 对策

① 加强专用甘薯品种的选育、引进和推广工作　利用现代生物技术，积极选育甘薯新品种，增加产量，提高品质，同时加大加

工专用薯种的引进力度，如高淀粉型薯种、果脯型薯种、水果型薯种和药用保健型薯种等。认真做好专用薯种的推广工作，使甘薯生产逐步实现种植区域化。

② 加强监管，增强企业合作，遏制无序竞争　针对甘薯加工企业存在着规模小、散、乱及无序竞争的现象，各级政府既要为各加工企业提供方便，更要加强监管，同时各企业间要加强合作，发挥整体优势，避免恶性的无序竞争。

③ 加大科技投入，搞好甘薯产品开发　要进一步加大科技开发投入的力度，依靠科研单位的技术优势和加工企业的自主创新能力，开展甘薯产品加工工艺研究，着重于技术攻关和新产品、新工艺开发，如采用膜分离、超高压冷冻干燥和微胶囊化等高新食品加工技术，开发高附加值的甘薯方便食品、速冻食品、营养保健食品。同时，研制技术起点高、成套能力强的配套加工设备。

④ 增强品牌意识，树立自主品牌　随着中国加入世贸组织，国内市场的进一步开放，竞争越来越激烈。我们的甘薯加工企业必须搞好产品的包装设计和企业的形象策划，提升产品档次，进一步增强企业产品的品牌意识，创立自己的品牌。

⑤ 给予优惠政策，扶持一批甘薯深加工龙头企业　甘薯精深加工是否成功，是否能带动整个甘薯产业的发展，一个关键因素就在于是否有加工龙头企业的扶持。要选定一些规模较大、效益较好的企业给予扶持，以带动当地甘薯加工业的发展。政府要努力创造良好的投资环境，吸引各方资金投入甘薯加工产业的发展，如采取降税、免税政策等，以促进甘薯加工产业效益的提高和广大农民收入的增长。

⑥ 以市场为导向，建立和推广良好的产业化加工模式　目前国家相关政策已出台，为土地流转保驾护航，种植大户通过土地流转，集中生产，节约成本，提高生产效率，规模化为加工企业稳定地提供原料。一些地方已走上了以市场为引导，以甘薯加工企业为龙头，实行生产、加工、销售一体化的经营模式，建立了"企业＋基地＋农户"的经营体系，效果较好，该模式应该进一步推广。同

时还应该积极寻求其他的产业化加工模式。

⑦ 制定质量标准，实现标准化生产　目前，甘薯产品的质量标准参差不齐，严重影响整个产业的发展，因此制定甘薯产品的质量标准就成了一项迫切的工作。随着国际市场的开放，甘薯生产和产品标准应与国际接轨，同时应该力争获得 HACCP、ISO 9000 系列等国际质量认证，以便为北方地区的甘薯制品走向国际市场打下良好的基础。

⑧ 开展甘薯精深加工装备国产化研究　目前，北方地区甘薯加工技术和设备仍然落后，在设备节能、高效、环保的前提下，应用挤压、真空干燥、微波、超声波等新技术开发甘薯类系列产品，将是甘薯精深加工设备开发的重要方向。

4. 近年来甘薯食品有哪些加工制品？各有何特点？

甘薯因产量高、淀粉含量高、分布广泛等特点，适宜加工成多种产品。传统上最直接的产品为淀粉及其衍生物淀粉，以及通过微生物发酵生产的酒精、饲料、调味品及其他大宗型工业产品。近年来，随着消费者对甘薯保健功能的认可，甘薯食品加工业蓬勃发展，其研制和生产开发水平不断提高，相继开发出各种甘薯食品，目前加工制品达几十种，综合分析国外甘薯食品的研究，主要分为以下几类。

(1) 方便食品

除方便粉丝外，已开发出甘薯泥、甘薯即食粥、紫薯面条、香脆薯饼、甘薯面包、甘薯蛋糕、甘薯曲奇饼干、脱水甘薯、盐渍甘薯、甘薯茎尖罐头、甘薯泡菜等方便食品。

① 甘薯面条制品　甘薯面条具有韧性好、耐煮、色泽自然、口感细腻，并保持甘薯原味和营养等特点。甘薯面条是以甘薯和面粉为主料，加入魔芋精粉、食盐和水配制而成，其主要加工方法将鲜甘薯洗净、去皮、护色、蒸煮，加入魔芋精粉，打擦，再加入面粉、食盐和水，成型，烘干即可制成。

② 甘薯冻干制品　甘薯冻干品具有表面不硬化、复水性好和

方便保存等优点，同时，甘薯的营养成分和生理活性物质可以得到有效的保持，是一种比较理想的甘薯食品。甘薯冻干品的主要制备工艺是将甘薯去皮，并迅速降温至−30～−10 ℃，甘薯在低温低压下升华脱水，在完全干燥后即可制成。

③ 甘薯丸制品　甘薯丸是用甘薯加适量的淀粉配制并捏成皮壳，然后包上各种各样的馅料搓圆而成，馅料在皮壳包容下发挥各自功能，色味俱全，优势互补，营养均衡，易于被机体吸收，是一种可口的食品。

④ 甘薯粥制品　甘薯粥是一种以甘薯为主料，加入山楂、蜂蜜、蔗糖、红枣和水调配而成，具有补虚健脾、益气养心、强肾润肺、消积散瘀、降脂生津等功效，同时还可补充机体必需的多种营养物质。

(2) 休闲食品

甘薯休闲食品由来已久，红心甘薯制成的连城地瓜干在清朝时就作为贡品进贡皇宫，是著名的"闽西八大干"之首，美名曰"金薯片"，连城也成为"红心地瓜干之乡"。随着作为快速消费品的休闲食品逐渐升格成为百姓日常的必需消费品，甘薯以其含有多种功能成分的优势，有望在休闲食品领域占有一席之地。目前甘薯开发出了许多休闲食品，有紫心薯干、甘薯枣、甘薯软糖、甘薯饴糖、甘薯果脯、甘薯膨化食品等。

甘薯脯制品　甘薯脯是一种质地柔软、口感好、易于咀嚼、甜而不腻的食品，其主要加工过程是以甘薯为原料，去皮后切分成薯条，经过硬化、漂洗、糖煮、干燥而成。传统的工艺在甘薯果脯加工后，有易回生、质地干硬而难嚼的问题，利用复合酶水解甘薯淀粉成为转化糖类，可以解决此问题。此外，在原料中加入白砂糖、蜂蜜、柠檬酸、银杏叶、枸杞子、栀子、决明子、薄荷、陈皮和甘草等，可以制成不同风味，并具有不同保健功能的甘薯果脯。

(3) 饮料制品

甘薯及甘薯茎叶均可制成饮料。甘薯饮料是利用紫甘薯、红心甘薯等特色品种加工出不用任何添加剂的健康饮料，具有甘薯原有的天然风味，并且色泽鲜美，营养丰富，易于消化，含有甘薯本身几乎所有的营养成分和活性物质，具有明显的抗氧化、消除自由基和活性氧、减轻肝脏机能障碍等功效。另外，甘薯还可发酵制成啤酒，富含维生素和矿物元素，色泽金黄、鲜艳可口、营养丰富，为啤酒多样化的发展迈出了新的一步。另外，甘薯果酒、甘薯烧酒、甘薯醋、甘薯乳、甘薯酸奶、甘薯茎尖汁等饮料也进一步丰富了甘薯饮品市场。由于原料利用率高、工艺简便、产品为天然营养健康饮料，所以甘薯饮料的发展前景广阔。

甘薯乳制品　甘薯乳制品是以甘薯和牛奶为原料，经过发酵后制备而成的一种具有甘薯风味的乳制品，其主要制备过程是将脱脂牛奶、甘薯、蔗糖、酵母自解液、柠檬酸钠、明胶混合，以嗜热链球菌、保加利亚乳杆菌、双歧杆菌为发酵剂，于无菌容器中发酵，然后迅速冷却至室温，并置于冷库中存放，2 周后即成。

(4) 功能食品

利用甘薯中抗氧化成分含量高的特性，研制开发了养颜美容食品、抗衰老食品，以及预防心血管疾病的中老年人专用食品；利用甘薯脱氢表雄酮可防止结肠癌和乳腺癌，高含量膳食纤维有预防直肠癌作用，开发甘薯预防癌症的食品有巨大的市场潜力；甘薯中花青素有抗高血压作用，一种糖和脂的结合物具有抑制胆固醇的作用，可分离提纯，制造抗高血压和抑制胆固醇的药物；紫薯可用于生产红色至紫红色的天然色素。如具有提高人体免疫力和预防肿瘤功效的甘薯胶囊制品，含有多种稳定生理活性物质的甘薯粉、甘薯片和甘薯冲剂等保健品，有减缓人体机能衰老功能的甘薯黏液蛋白质制品，能帮助人体消化排便、从而降低直肠癌发病率的甘薯膳食纤维制品。

甘薯茎叶中的多酚类物质能够预防龋齿、高血压、过敏反应，还能够抗肿瘤、抗突变、阻碍紫外线吸收；膳食纤维能够排除肠道内毒素；叶绿素能够净化血液、消炎杀菌、排除重金属、药物毒素等；SOD 等活性酶能够排解农药、化学毒素，抵抗过氧化物自由基，防止细胞变异；钙、钾等大量矿物质碱性离子能够中和体内酸性毒素。因此，甘薯茎叶具有潜在的保健食品开发价值，能够提高甘薯加工的附加值，具有广阔的市场前景。甘薯向特用型高端产品转化已成为今后发展的一个方向。

5. 甘薯有哪些主要加工产品？具体加工工艺是什么？

（1）淀粉

目前我国淀粉加工产业多种生产方式并存，有配备简单机械的手工作业的家庭作坊，投资在 1 万～5 万元，每天可生产粗淀粉 1～10 t；半机械化生产的中小型淀粉加工厂，小型加工厂投资在 15 万～20 万元、日产淀粉 10～20 t，中等规模淀粉加工企业投资在 50 万～100 万元、日产淀粉 20～30 t；全程自动化流水线生产的大型淀粉加工企业，投资规模在 100 万～300 万元，加工设备先进，为全机械化密闭式一条龙淀粉生产线，实现电控、自控的全自动化生产，淀粉提取率可达 85%，日加工处理鲜薯达 200～500 t，日产淀粉 20 t 以上，有的大型企业甚至可达日产 100 t。

甘薯淀粉的加工过程，通常采用机械粉碎的方法使淀粉从原料的细胞中游离出来，形成原料浆，再通过重力作用沉降分离或利用分离设备将淀粉从原料糊中分离出来，浓缩成淀粉乳，完成提取工序。主要方法有：

① 酸浆分离法　利用酸浆使粉浆中的淀粉与蛋白质、纤维素等其他杂质快速分离。是一种传统淀粉提取方法，已在我国广泛应用。

工艺流程：甘薯→清洗→粉碎→筛分→兑浆、分离、第一次沉淀→撇浆→第二次过滤→发酵、第二次沉淀、撇浆→除酸、第三次沉淀→脱水干燥→包装。

② 旋流法　工作原理是基于物料中淀粉颗粒在旋流管中的离心沉降作用和液体（或纤维）的上浮效果实现物料分离的，一般由多级旋流器、淀粉乳泵、除砂器和重力曲筛组成。

工艺流程：原料破碎后形成的浆料进入全旋流分离站的浆液分离单元，分离成两部分：一部分为轻相物质，主要为蛋白质、油水及少量淀粉；另一部分为重相物质，为淀粉及少量蛋白质、渣、细沙等。经过进一步清洗，在旋流站第七级底流和清水入口汇合，进一步去除蛋白质、细渣等，脱水干燥，生产出符合国家标准的淀粉。

通过酸浆法生产的淀粉和通过旋流法生产的淀粉在理化性能及粉条品质上有所差异，据研究可能与两种淀粉中直链淀粉的含量不同有关。

（2）酒精

随着乙醇产业的不断发展，以玉米等粮食作物为主的生产模式日现弊端，甘薯、木薯等薯类原料富含淀粉、资源总量丰富、资源分布区域具有互补性，已成为发酵法生产乙醇的重要原料。新鲜甘薯淀粉含量高达 15%～30%，薯干淀粉含量为 58.2%～77.0%，纤维含量仅 1.8%～2.4%，易于加工利用。生产中一般 2 t 淀粉能生产 1 t 酒精，即约 10 t 鲜甘薯可生产 1 t 酒精。

甘薯切片耗能干燥会额外增加乙醇生产成本，而且具备自然干燥光照条件的产区有限，历史上很多大型企业都采用过甘薯干为原料生产酒精，但大部分地区仅适合以鲜薯为原料进行生产，其面临的最大问题是原料的季节性收获与全年连续生产之间的矛盾。3 万 t 规模的酒精生产线设备投资约上千万元，为保证生产效益，保障生产线全年运行，有些企业在甘薯收获季节以甘薯为原料生产酒精，其他时间以玉米或薯干为原料生产酒精。

目前工业上主要采用发酵法生产酒精，菌种主要是酿酒酵母。甘薯经清洗、除杂、粉碎等一系列预处理后，由酵母发酵生产酒精，并通过蒸馏将酒精分离、纯化、精制。

工艺流程：蒸煮糊化→液化→糖化→降黏→接种→发酵→蒸馏→酒精。

（3）果酒、果醋

果酒是利用水果等原料所含的淀粉和糖分经发酵生产的非蒸馏酒，目前果酒消费仍以葡萄酒为主，非葡萄酒果酒产量还不高。在不破坏紫甘薯、红心甘薯等特色甘薯固有营养和保健价值的基础上，进行深加工生产的果酒，具有特有的香味和风味，目标人群广泛。

甘薯果醋也是通过微生物利用酒渣发酵酿制而成的一种营养丰富、风味优良的酸味饮品、调味品，兼有甘薯和食醋的营养保健功能。

工艺流程：原料（健康紫甘薯、红心甘薯）→车间、设备、酶（均为食品级）→去皮→低温蒸煮→微生物→固液分离→果酒、酒渣（→果醋）。

(4) 薯渣益生菌饲料

甘薯加工生产过程中会产生大量废渣，含水量在 75% 以上，不易贮藏和运输，且带有多种微生物，腐败变质后易造成严重环境污染，如何开发利用这些废渣已成为当前我国甘薯淀粉行业迫切需要解决的难题。

薯渣中残余淀粉含量一般为 41.4%～67.5%，提取淀粉后的渣中残余的大量淀粉颗粒，基本都包埋于堆积的细胞壁中，很难进一步提取出来，如作为培养微生物的原料，能为微生物提供充足碳源。

利用薯渣生产益生菌饲料不但减少了废渣带来的环境污染、提升了淀粉加工业附加值，还具有工艺和装置简单、利用彻底、无二次污染等优势。

工艺流程：薯渣→微生物（安全、具有益生菌功能）→外加氮源→酶（淀粉、纤维素水解酶）→产品指标。

(5) 薯渣蛋白饲料

我国是一个饲料蛋白资源严重短缺的大国，每年需从国外进口大量鱼粉。甘薯加工废渣虽然蛋白质含量低，但充足的碳源可用于培养微生物单细胞蛋白，为养殖业提供廉价的高蛋白饲料。

薯渣蛋白饲料发酵技术工艺要点与薯渣益生菌饲料发酵接近，区别有：①微生物。被认证为 GRAS 菌，且菌体蛋白量高的单细胞蛋白生产微生物。②保存。菌体增殖速度快、菌体蛋白含量高，易于污染，因此完成增殖后应尽快利用或干燥、压制成颗粒饲料保存。③产品指标。利用假丝酵母、酿酒酵母混合培养，薯渣蛋白从 2.8％增加至 18.0％。

（6）甘薯薯干

食用甘薯干的主要生产省份按产量大小依次为福建省、四川省、山东省，福建连城红心地瓜干股份有限公司的产量为全国最大。还有更多的中小型甘薯食品加工企业或个体户生产出各类薯干、薯片等休闲食品，散布于全国各地。

传统工艺流程：原料→清洗→蒸煮→刮皮→切片→干燥。

改进工艺流程：原料→刨皮清洗→原坯（片状或条状）→漂洗→蒸煮→烘干。

加工处理后，甘薯可溶性糖组成成分果糖、葡萄糖、蔗糖和麦芽糖，分别由原先的 1.8％、1.5％、9.1％、0 增加至 2.4％、1.8％、9.9％、23.5％，与生薯相比，最显著的变化是出现了占比极高的麦芽糖。

6. 甘薯营养健康型食品加工技术的研发进展如何？

目前，我国薯类加工制品已呈现多元化发展趋势，淀粉及粉丝、粉条仍然是主要的薯类加工制品，薯类馒头、烤薯等主食与休闲食品已逐渐崭露头角，但薯类加工业的整体发展水平与发达国家相比还有较大差距。据不完全统计，2019 年，我国生产甘薯淀粉 26.66 万 t、粉丝（条）22.74 万 t、甘薯干 32.97 万 t、全粉 0.43 万 t、薯泥 0.28 万 t、烤薯 0.23 万 t、馒头 0.01 万 t。甘薯加工业的发展在促进我国农业持续增效、农民持续增收和现代农业的可持续发展中具有不可替代的作用，其加工利用的研发进展，将进一步促进我国甘薯加工产业的健康、可持续发展。

（1）甘薯主食产品

① 甘薯馒头、面包　甘薯不含面筋蛋白，无法形成三维网络结构，从而使面团的产气持气能力变差，进而影响终端馒头、面包等发酵主食产品的比体积、色泽和质构特性等。研究发现，在揭示不同植物来源淀粉（小麦淀粉、玉米淀粉、木薯淀粉、甘薯淀粉、

马铃薯淀粉）对谷朊蛋白和无谷朊蛋白面团流变学特性与产气持气影响机制的基础上，提出可通过增加高直链淀粉含量或对淀粉进行改性处理，增强面团的网络结构稳定性，进而提高面团的产气持气能力。结果显示，甘薯—小麦面包添加 30%、400 MPa 高静压改性或 90 ℃加热改性的甘薯全粉，所得面团的最大发酵高度和持气能力最大，面包的比体积最大、硬度最小。此外，在小麦粉中添加 10%～50%的紫甘薯全粉，可显著提高甘薯馒头的总酚、花青素含量及抗氧化活性，从而改善传统小麦馒头的营养。

② 甘薯面条　与发酵主食相似，甘薯若用于面条等非发酵主食中，由于面筋蛋白的缺失，会使面条出现黏度大、易断条、蒸煮损失率高等问题。试验表明，对紫薯全粉与淀粉配比挤压制备紫薯全粉鲜湿面的感官、蒸煮损失率和最佳煮面时间进行分析，确定紫薯全粉生湿面的最适比例为紫薯全粉与淀粉配比为 8∶2。研究表明，硬脂酰乳酸钠、魔芋胶和谷朊粉可弥补紫薯全粉—小麦粉面团（紫薯全粉占比 50%）中面筋蛋白的不足，形成类面筋的凝胶网络结构，从而使紫薯挂面的蒸煮损失率降低 47.95%、断条率降低 55.8%。

③ 甘薯方便主食产品　随着现代生活节奏的加快，人们对方便快捷食品的需求量急剧增加。鲜湿粉条由于体积小、携带方便、无需浸泡、蒸煮时间短等优点，日益获得消费者青睐。然而，目前常通过添加明矾来提高鲜湿粉条的耐煮性、降低断条率，长期摄入明矾会使人体产生不利影响。研究发现，添加黄原胶、海藻酸钠和蛋清蛋白的无明矾甘薯鲜湿粉条的拉伸强度和剪切应力较高、煮断时间较长，这与粉团弹性和稳定性的改善有关。

（2）甘薯休闲食品

① 薯条（片）　油炸薯条（片）因色泽金黄、香味浓郁和口感酥脆等优点深受人们喜爱。常压高温（≥180 ℃）油炸所得薯条（片）含油量高达 40%以上、易残留丙烯酰胺和苯并芘等致癌物，对人体健康产生潜在的危害，真空油炸是在负压低温条件下使物料中水分急剧汽化，可获得含油量低、脆而不腻的新型油炸食品。研

究表明，当油炸温度 111 ℃、时间 97 s、真空度为 0.05 MPa 时，所得油炸薯条的含油量为 25.76%、丙烯酰胺含量仅为 0.05 mg/kg。此外，在油炸前采用脉冲电场、超声波、真空浸渍、微波真空干燥等技术对薯条（片）进行脱水预处理后，薯条（片）中的含油量可降低 21.20%～33.78%，丙烯酰胺含量最低可达 10 ng/g，蛋白质、维生素等营养成分可以得到有效保留。

② 烤甘薯　烤甘薯在我国有着悠久的历史，因其具有诱人的色泽和香气深受消费者青睐。然而，目前烤甘薯加工过程中的焙烤温度和时间受薯块尺寸、形状影响较大，缺乏规范的技术参数。此外，由于鲜薯贮藏期短、贮藏条件严苛等，使得烤甘薯供应受季节影响较大，无法实现四季食用。以烟薯 25 为原料，研究了烤制甘薯最佳工艺，结果发现，鲜薯重 15～200 g、焙烤温度 235 ℃、焙烤转速 40 r/min、焙烤时间 40 min 时，烤甘薯中还原糖（47.79 g/100 g，干基）和维生素 C（60.25 mg/100 g，干基）含量最高，薯肉和薯皮中均未检测出丙烯酰胺。在此基础上，通过分析测定 −18、−25、−60 ℃冰箱冻结及液氮速冻处理后烤甘薯的基本营养成分（淀粉、脂肪、还原糖、维生素 C、β-胡萝卜素）、色泽、质构特性和冻结曲线的变化，发现液氮冻结通过最大冰晶生成带的时间最短，质构特性与现烤甘薯最为接近；−60 ℃冻结对烤甘薯基本营养成分和色泽的保存最好。综合考虑成本因素，优选 −60 ℃冰箱冻结制备速冻烤甘薯，以满足烤甘薯四季供应的消费需求。

7. 甘薯加工副产物高效利用关键技术的研发进展如何？

(1) 甘薯淀粉加工废液的高值化利用

从国内外市场来看，植物蛋白及多肽已被作为辅料和添加剂在饲料、食品及保健品领域广泛应用，市场需求潜力巨大。甘薯淀粉加工废液中蛋白浓度为 1.50%～2.00%（w/w，干基），是制备高附加值蛋白及多肽产品的良好来源。

① 甘薯蛋白　等电点沉淀结合超滤法是提取甘薯蛋白的主要

方法。根据研究及应用的需要，甘薯蛋白经提取后还需要通过二乙胺基乙基（diethylaminoethyl，DEAE）-纤维素阴离子柱、葡聚糖凝胶柱（sephadex）等方式进行纯化，以期得到高纯度的甘薯蛋白。目前，采用超滤法生产天然甘薯蛋白及热变性法生产变性甘薯蛋白技术已在某甘薯淀粉加工企业实现产业化，并在国内外首次生产出甘薯蛋白产品。

甘薯蛋白含有 18 种氨基酸，其中 8 种人体必需氨基酸的总含量达 40.18%，高于 FAO/WHO 的标准蛋白（>40%），可与牛奶和鸡蛋蛋白相媲美。此外，甘薯蛋白作为球蛋白，在酸性及碱性条件下均具有较好的溶解度、乳化性、起泡性和凝胶性等，也具有一定的酯酰基水解活性、抗氧化活性、血管紧张素转化酶（angiotensin converting enzyme，ACE）抑制活性、胰蛋白酶抑制活性、抗癌活性及抑制脂肪细胞增殖分化等，是目前备受关注的植物蛋白。

② 甘薯多肽　以甘薯蛋白为原料，经木瓜蛋白酶、胃蛋白酶、风味蛋白酶、碱性蛋白酶和胰蛋白酶等酶解后，可制备甘薯多肽。超声波、微波、射频、高静水压等新型绿色技术可使蛋白结构展开、暴露出更多的疏水基团、增加蛋白酶与蛋白之间的表观亲和力，从而提高蛋白的水解度、增加多肽得率。例如，80 ℃下射频预处理 15 min 或 300MPa 高静水压下酶解可将甘薯蛋白的水解度分别提高至 30.73% 和 47.42%，超声波/微波辅助酶解可将甘薯蛋白的水解度提高至 50.98%。

甘薯多肽具有　定的羟基自由基清除活性（40.03%）、亚铁离子螯合力（74.08%），且超声波、微波、射频等技术在提高多肽得率的同时，可进一步提高其抗氧化活性。以甘薯多肽为例，80 ℃射频预处理可将其羟基自由基清除活性和亚铁离子螯合力分别提高至 48.11% 和 88.01%，而超声波/微波辅助酶解可将上述指标进一步提高至 67.11% 和 98.59%。此外，甘薯多肽对 ACE 活性具有一定的抑制能力，含有丝氨酸-亮氨酸-苏氨酸的甘薯多肽有望成为治疗高血压氧化应激导致肾损伤的新方法。

（2）甘薯淀粉加工废渣的高值化利用

① 甘薯高纤营养粉　为实现甘薯淀粉加工废渣的全利用和零排放，按鲜薯冻干粉中淀粉和蛋白质的含量折合计算，向干燥后的薯渣中加入相应的玉米淀粉和全鸡蛋蛋白，制备出甘薯高纤营养粉。与市售薯类熟全粉、小麦粉等进行比较，发现甘薯高纤营养粉膳食纤维含量高、总糖含量低，粉质特性、拉伸特性和持水性等优于市售甘薯全粉。此外，甘薯高纤营养粉制作的馒头（添加量为30%）在比体积、弹性、咀嚼性等方面与甘薯全粉馒头相似，但风味物质种类更丰富、更接近小麦馒头。

② 甘薯膳食纤维　大量研究表明，薯类淀粉加工废渣中含有30%～40%的膳食纤维，膳食纤维中含有20%以上的果胶，可作为辅料或添加剂应用于食品及保健品行业。因此，以薯渣为原料提取膳食纤维和果胶，可以进一步增加薯类产品的种类，提高甘薯和马铃薯的附加值。

酶解法是提取甘薯膳食纤维最常用的方法，不需要强酸强碱溶液和高压，操作方便、节约能源、产品纯度高。目前已明确采用单酶法（耐高温 α-淀粉酶）从甘薯淀粉加工废渣中提取膳食纤维的最佳工艺，同时单酶法所得甘薯膳食纤维的纯度及亮度值均高于复合酶法，颗粒结构更为松散，适合产业化生产。

甘薯膳食纤维对水分、葡萄糖、α-淀粉酶和胰脂肪酶均具有良好的吸附能力，具有潜在的抵抗肥胖、调节血脂血糖、促进肠道益生菌群生长等作用，且可溶性膳食纤维的效果优于不溶性膳食纤维。因此，近年来，蒸汽爆破、高静水压、纤维素酶、高压微射流、超微粉碎、高压均质等技术被广泛应用于甘薯膳食纤维的改性，以提高可溶性膳食纤维的含量和生理活性，进而扩大甘薯膳食纤维在食品、保健品等领域的开发利用途径。

③ 薯类果胶　研究发现，以甘薯渣为原料，六偏磷酸钠为提取剂制备甘薯果胶，发现与磷酸氢二钠和盐酸提取法相似，该方法所得甘薯果胶属于低甲氧基果胶，中性糖侧链主要由半乳糖组成。超声波（100～400 W）及高静水压（200～400 MPa）辅助果胶酶

（72 U/g）改性可降低甘薯果胶的甲酯化度、提高半乳糖醛酸含量。

甘薯果胶具有一定的凝胶特性和乳化特性，可作为增稠剂、稳定剂、乳化剂等应用于食品工业。同时，甘薯果胶具有潜在的抗氧化、抗癌及吸附重金属（Cu^{2+}、Pb^{2+}）能力，且超声波、高压均质、高静水压辅助果胶酶改性可显著增强其生理活性。

（3）甘薯茎叶的高值化利用

甘薯地上部分的茎叶资源十分丰富，年产量与地下部分的甘薯块根产量基本相当。与其他叶类蔬菜相比，甘薯茎叶含有更加丰富的蛋白质、膳食纤维、维生素、矿物元素、多酚类物质等营养与功能成分，是一种营养健康的优质蔬菜资源。然而，目前我国甘薯茎叶除少部分被用作动物饲料，大部分都被随意抛弃，造成了严重的资源浪费和环境污染。国外（主要是日韩国家）市场上，人们是将甘薯茎叶与其他果蔬（如大麦嫩叶、芹菜叶、苹果汁等）按一定比例混合加工成青汁固体饮料，产品便于贮藏运输，且深受年轻人、爱美女士及中老年人的喜爱。此外，甘薯茎叶中含有大量的多酚类物质，具有潜在的降血糖、预防和修复紫外线辐射损伤等多种生物活性，随着食品、保健品、化妆品等行业的快速发展，对于植物源多酚的需求量逐年攀升，市场潜力巨大。

① 甘薯茎叶青汁粉　通过对比研究微波真空干燥、热风干燥和真空冷冻干燥对甘薯茎叶青汁粉营养成分、物化及功能特性的影响，综合考虑干燥速率及能耗，确定了微波真空干燥为制备甘薯茎叶青汁粉的最佳干燥方法。在上述基础上研发了护色灭酶—微波真空干燥—超微粉碎制备甘薯茎叶青汁粉新技术，所得产品色泽翠绿，多酚、维生素、矿物元素含量为传统热风干燥产品的 1.5～4 倍，冲调后 30 min 静置分层率仅 49％，显著低于普通粉碎产品的 62％。进一步通过开展黄原胶、乳酸钙、抗坏血酸、麦芽糊精、木糖醇、苹果香精等成分对甘薯茎叶青汁粉冲调稳定性及感官品质影响的研究，成功优化甘薯茎叶青汁复合粉的配方，所得产品口感细腻、色香味俱佳，且放置 1 h 不分层。

②甘薯茎叶多酚　采用 Langmuir 和 Freundlich 方程分析明确了 AB-8 大孔树脂对甘薯茎叶多酚的吸附机制，在此基础上通过静态和动态吸附和解吸实验优化了 AB-8 大孔树脂纯化甘薯茎叶多酚的工艺参数，成功创建超声波辅助乙醇溶剂提取结合 AB-8 大孔树脂分离纯化甘薯茎叶多酚的关键技术，所得多酚产品纯度达90％以上，抗氧化活性为抗坏血酸、茶多酚、葡萄籽多酚的 1.3～9.6 倍；对人体正常肝细胞 LO2 的保护效应高于水溶性维生素 E，与抗坏血酸相当，略低于茶多酚和葡萄籽多酚。通过超高效液相色谱—质谱联用技术，明确了甘薯茎叶多酚主要由 13 种酚酸类物质和 10 种黄酮类物质组成，其中，酚酸类物质占甘薯茎叶多酚的72.38％，3，5-二咖啡酰奎宁酸含量最高（45.34％，干基）；其余约 30％为黄酮类物质。

8. 为什么要制作甘薯全粉？制作程序和用途如何？

鲜甘薯含水量较高，长时间贮藏保鲜困难较大，且贮藏过程中养分消耗较大，病害损失严重。因此为了延长甘薯供应时间，将其制作成细颗粒状、片屑状或粉末状的甘薯全粉，其包含了新鲜甘薯中除薯皮以外的全部干物质。甘薯全粉由于在加工过程中基本保留了细胞的完整性，因此它能够最大限度地保留甘薯中原有的营养和功能性成分，使其丰富的营养和特异的功能得以表达，复水后的甘薯全粉具有新鲜甘薯的营养、风味和口感，其含水量较低（一般为7％～8％），贮藏期长，解决了甘薯贮藏期间易霉烂、贮藏期短的问题，且在加工过程中用水少、无废料，产品用途广泛。

工艺流程：甘薯清洗→去皮→切片（丁）→护色→干燥→粉碎（测水分）→包装。

操作要点：

清洗：一定清洗干净，关系到产品的最终质量。

去皮：用竹刀将甘薯的外皮去净，尤其是甘薯表皮凹陷部分。

切片或切丁：将去皮后的甘薯用蔬菜切片机切成一定规格的薯片或薯丁。

护色：用食盐配制成 0.5% 的溶液，将切好的甘薯薯片或薯丁泡在其中数分钟。

干燥：用烘干设备干燥，以保证产品的卫生，并注意温度，一般保持在 45～50 ℃，干燥时间可根据薯片、薯丁的大小确定，使最终水分控制在 6% 以下。

粉碎、包装：将干燥后的甘薯，用锤片式粉碎机粉碎，使甘薯粉的细度在 80 目左右。

用途：甘薯全粉可直接用于生产油炸制品、焙烤制品、松饼、面类制品、馅饼、早餐食品、婴儿食品等，制作方法蒸、煮、油炸均可。

9. 为什么说变温压差膨化干燥是一种新型、环保且节能的技术？其流程和操作要点是什么？

变温压差膨化干燥技术，结合了传统真空冷冻干燥、热风干燥和微波真空干燥的优点，干燥效率高且应用范围广，用此干燥技术加工得到的产品，其物料本身特有的色泽、香气及营养成分都能得到较好地保留。研究显示，以紫薯为原料，用变温压差膨化干燥法制备紫甘薯生全粉的最优工艺为：膨化温度 80 ℃、停滞时间 5 min、抽空温度 69 ℃时，紫甘薯生全粉花青素含量为 1.58 mg/g，呈鲜艳的紫罗兰色；碘蓝值为 5.59，细胞完整性保持较好。与鼓风干燥相比，该技术可提高干燥效率、降低干燥成本，是一种新型、环保且节能的膨化干燥技术。

全粉制备流程：新鲜紫薯原料→清洗、去皮→均匀切片→浸泡护色→变温压差膨化干燥→粉碎、筛分→包装→成品。

操作要点：

去皮切片：去掉腐烂、有机械损伤的部分，切成 2～3 mm 的紫薯片。

护色：选用护色液（L-半胱氨酸 0.06%，抗坏血酸 0.6%，食盐 0.6%）进行浸泡护色 20 min，然后沥干。

变温压差膨化干燥：将沥干的紫薯片平铺于筛网上，置于膨化罐中升温至设定的膨化温度，罐内压力达 0.1～0.3 MPa，使物料在此状态下保持一定时间（即停滞时间）后瞬间泄压至真空度为－0.1MPa，同时设定真空温度，使物料在此真空状态下加热脱水，得含水量＜10％ 的紫薯片。

粉碎过筛：干燥后的紫薯片粉碎后过 80 目筛。

10. 我国粉条、粉丝产品消费市场情况如何？

我国粉条、粉丝产品的生产量和消费市场规模巨大，据不完全统计，2019 年我国粉丝产量达到 134.3 万 t，甘薯粉条、粉丝的产量为 22.7 万 t。然而，目前市场上还有很多马铃薯粉条、绿豆粉条、豌豆粉条以及宽粉、川粉等各种粉条产品，其中各种湿粉条产品在火锅、砂锅等餐饮店中消费量很大。根据各种淀粉的实际产量、加工用途以及已统计的部分粉条、粉丝产量进行估算，我国粉条、粉丝的年产量可能超过 500 万 t。

各种粉条、粉丝产量因使用淀粉种类不同而存在较大差异，且各种粉条、粉丝的价格受企业品牌、生产规模、产品类型、产品质量和包装形式等影响较大。根据调研显示，绿豆粉条、粉丝产品价格为 25～60 元/kg，马铃薯粉条、粉丝产品价格为 15～50 元/kg，甘薯粉条、粉丝产品价格为 10～40 元/kg，其他各种湿粉条产品价格为 10～40 元/kg。

随着粉条、粉丝产品销售市场日渐成熟，粉条、粉丝生产企业的品牌意识也在不断增强，知名的粉条、粉丝企业品牌逐渐增多。目前，我国粉条、粉丝的消费市场主要分为国际市场、国内大中城市商业超市与连锁餐饮店、县乡镇等农贸批发市场以及网络电商平台市场。我国粉条、粉丝类产品在国际贸易中以出口为主、进口较少，国际市场对于我国粉条、粉丝的产品需求日益增长，2019 年我国出口粉丝就达到 9.64 万 t。国内的双塔、龙大、白家、光友、六六顺、柳絮、天豫及京一根等品牌的粉条、粉丝产品，除在国内销售外，还广泛销往日本、韩国等东南亚国家以及美国、欧洲等世界多个国家和地区，并有较高的市场占有率。

方便粉条、粉丝类产品具有携带便捷、食用方便等优势，基于网络电商平台市场不断成熟，方便粉条、粉丝加工行业发展迅速，方便粉条、粉丝的消费市场日益壮大。最早的方便粉丝生产代表企业是白家陈记和光友，后期传统粉条、粉丝生产企业也增加了方便粉条、粉丝产品生产线。近几年，全国各地从事酸辣粉等方便粉条、粉丝产品的企业日益增加，如海底捞、嗨吃家、食族人等企业，一些休闲食品的生产企业也将产品触角延伸到方便粉条、粉丝类产品，如良品铺子、三只松鼠、百草味等。

11. 中国甘薯出口贸易和市场结构情况如何?

(1) 出口规模变化趋势

据联合国农粮组织统计，世界甘薯种植集中于亚洲和非洲的发展中国家及地区，以 2017 年为例，甘薯种植面积排名前三位的国家有中国、尼日利亚、坦桑尼亚，其中中国生产甘薯达到 337 万 t，是世界上最大的甘薯种植国家。中国甘薯生产规模在 2010—2017 年，经历了从 2010 年下降，到 2012 年后稳中回升，2013 年到 2014 年缓慢上升，2015 年到 2016 年稍稍降低，2017 年又有所回升。随着生产规模的变化，出口规模也在不断变化：中国甘薯出口总量从 2010 年到 2012 年趋于平稳，2013 年开始小幅度下降，到 2014 年最低值之后又逐年上升，中国甘薯出口总额在 2017 年达到最大值。

(2) 在中国农产品出口中的地位

中国既是农产品生产大国又是农产品贸易大国。加入世贸组织以来，中国农产品出口呈现了总体增长趋势。中国农产品出口总额由 2010 年的 488.8 亿美元增长到 2017 年 751.4 亿美元，增长了 53.7%。中国甘薯出口额占中国农产品出口总额的比例，总体上呈现增加趋势，从 2010 年的 0.20‰上升到 2017 年的 0.75‰。

(3) 在世界甘薯出口中的地位

中国甘薯的进出口贸易以出口为主，中国甘薯出口额由 2010 年的 1 021 万美元增长到 2017 年的 5 561 万美元，增长 5.0 倍。中口额占甘薯贸易总额的比例也保持在 97％以上。2012 年以来，世界甘薯贸易总额和出口贸易额均呈现稳定增长态势，为中国甘薯出口贸易的发展提供了有利的国际贸易环境。中国甘薯出口占世界甘薯出口额的比重，从 2010 年的 6.48％ 波动中上升到 2017 年的 11.33％。可见，中国甘薯出口在世界甘薯市场上具有一定的发展空间。

（4）出口的区域结构

中国甘薯出口的洲际区域，主要汇集在亚洲、欧洲和美洲，而从世界甘薯出口的洲际区域来看，近年来亚洲和美洲一直是甘薯出口的主要洲际市场。2010—2017 年，出口到亚洲国家的出口额占总出口额的比例，从 2010 年的 72％下降到 2016 年的约 40％。出口到欧洲国家的出口额占总出口额的比例，维持在 17％～24％之间；而出口到美洲国家的出口额占总出口额的比例，则在 5％～13％波动。

（5）出口的国家市场

中国甘薯出口的国家市场，以亚洲的日本、欧洲的德国和荷兰、美洲的加拿大和美国等国家为主，而从世界甘薯出口的国家市场来看，埃及作为甘薯每公顷单产最高的国家，出口量为亚洲首位，主要出口到亚洲其他国家，部分出口到荷兰、法国等其他欧洲国家。2010—2017 年，占中国甘薯出口额比例较多的国家，总体上依次是日本、德国和荷兰；中国甘薯出口到日本的比重，除了 2011 年和 2016 年个别年份之外，均保持在 17％以上；出口到德国的比重相对最平稳，每年都保持在 13％以上；而出口到荷兰的比例，自 2014 年以来一直排在第三位。

12. 为什么说"酒香也怕巷子深"，品牌创建和营销策划都要重视？甘薯企业需做好哪几方面？

近年来，随着甘薯种植效益的提高，一些甘薯合作社和种植大户盲目铺摊子、上规模，只重视产量和数量的增加，而忽视了品质的提升和稳健经营，造成产品过剩和低层次的恶性竞争，影响了效益的提高，给合作社的生存带来危机，甚至给整个甘薯产业带来伤害，这是甘薯合作社没有创建品牌造成的直接后果。有些合作社虽有品牌，在当地小有名气，但偏于一隅，品牌效应不强，也难以做大做强。因此，重视甘薯的品牌创建就显得尤为迫切。

除了重视品牌创建外，还要加强营销策划。俗话说："酒香不怕巷子深"，事实上，酒香也怕巷子深。如果不注重营销策划，好的产品也会"待在闺中人未识"。像国内一些著名企业华为、海尔、格力等就非常重视产品营销。

甘薯企业加强营销策划，需做好以下几点：一是借助主流媒体（电视、报纸、期刊、网站）加强宣传；二是多参加一些交易会、展销会，加强信息交流，提高曝光度；三是积极举办各类大赛和慈善公益活动，并设立"冠名权"，扩大知名度和影响力；四是改进包装，设计具有鲜明特色的 Logo 标志；五是丰富营销手段，除自营店销售、批发销售外，加强微商、电商销售，国内市场与国外市场双管齐下。

九、烟薯 25 品种产业化开发

1. 为什么说烟薯 25 是最优秀的烤薯型品种?

烟薯 25 于 2012 年通过国家鉴定和山东省审定。在国家区域试验中鲜薯产量、食味、可溶性糖含量均居第一位;富含丰富的黏液蛋白,经农业农村部辐照食品质量监督检验测试中心测定:烟薯 25 中的黏液蛋白为 1.12%(鲜薯计),比对照遗字 138 高 30.2%。黏液蛋白是甘薯蒸烤产生香味的主要成分,含量越高香味越浓,且对人体各器官组织的黏膜具有特殊保护作用。烟薯 25 还含有适中量的 β-胡萝卜素,每 100 g 鲜薯中含量为 3.67 mg,既避免了胡萝卜素含量过高,造成口味下降,又可以补充给人体充足的维生素 A 原料,预防维生素 A 缺乏症,提高营养价值,而且成就了烟薯 25 漂亮的肉色——金黄色。烟薯 25 还抗根腐病和黑斑病,鲜薯产量高,每 667 m² 3 000~4 000 kg,是最优秀的烤薯型品种。

2. 烟薯 25 生产关键管理技术是什么?

(1) 选择健康种苗

要求种苗为脱毒苗、壮苗、无病害。一是选择脱毒苗,病毒病是造成产量下降、品质退化的主要因素,通过茎尖脱毒的方式保持种性非常重要,因此选择脱毒种苗繁种、育苗,是优质、高产的前提条件。二是选择壮苗,壮苗是甘薯高产的保证,经过试验壮苗一般比弱苗增产 10% 以上,壮苗的标准:长度 20~25 cm,叶片健壮，茎粗而节间匀，茎叶具有本品种的特性，无病虫害，要经过充分炼苗。三是选用无病害苗，薯苗无病害而且经过消毒的苗就属于无病害苗，一般剪苗后可沾泥浆，泥浆中加生根剂、杀菌剂和辛硫磷等；拔苗后最好剪根，再用 500 倍多菌灵和 300 倍辛硫磷消毒 10 min 栽插。

（2）控制生长期，适当密植

烟薯 25 产量较高，生长期过长和种植稀疏容易长大个，造成商品薯率下降，因此生长期控制在 130～150 d 为好，密度控制在每 667 m² 4 200～5 000 株。

（3）种植在排水良好、无病害、不重茬地块

烟薯 25 容易爆筋，积水地块爆筋严重，造成商品属性下降，因此一定要选择地势较高、排水较好的地块，避免受到水涝，半沙或沙土地排水性好，种出的薯块光滑度较高。地块要无土传病害，上年没有种植过甘薯。

（4）适当增施钾肥

烟薯 25 地上部生长较旺，应比别的品种多施钾肥，一般每 667 m² 施成品有机肥 80～120 kg，氮磷钾复合肥 10 kg，硫酸钾 15 kg，混匀后随起垄机械撒入垄内，或人工开沟施入垄底，尽量不施土杂肥（杂菌太多），可随肥料一起撒施辛硫磷颗粒或者毒辛颗粒每 667 m² 3～4 kg，防止地下害虫为害。

（5）加强田间管理，适当控旺

如果缺苗不严重时，不建议补苗。在雨季积水时及时排涝；生长中后期重点是防旱、排涝及追施叶面肥。田间管理上要注意及时中耕除草、禁止翻蔓，肥水条件好的地块徒长严重时，每 667 m² 可喷多效唑或烯效唑，配合喷施 0.3% 磷酸二氢钾溶液。后期不建议浇水。

（6）及早收获

一般霜降以前或最低温度低于 10 ℃ 就应收获完毕，收获过晚，容易造成软腐病，气温较低时，收获的薯块一定不要在地里过夜，当天收获当天入库，防止薯块受到冷害。

3. 烟薯 25 贮藏关键技术是什么?

(1) 贮藏窖或库消毒

种薯入窖前窖内应进行消毒,一般用硫黄微燃烧的方式,每 100 m³ 施用 500 g 硫黄,下层放干草,再铺放一层细锯末,上面放硫黄,熏蒸消毒 24 h 以上。也可用百菌清和腐霉利复配的烟雾剂进行熏蒸,密闭 24 h 以上。

(2) 贮藏期管理

烟薯 25 最好采用超高温愈合处理,如果有加温设施,刚入库时,温度控制在 35～38 ℃进行高温愈合处理,密闭 24 h 后,缓慢降温到正常温度后进入正常管理;如果没有高温愈合条件,可在刚入库时温度控制在 21～23 ℃,进行愈合处理,2～3 d 后缓慢降至 14～17 ℃,相对湿度一般控制在 80%～85%,此时通风换气很重要;1 个月后至 2 个月,进入甘薯贮藏安全期,温度保持在 11～15 ℃,相对湿度保持在 85%～90%,必须通风换气,但风不宜过大;2 个月后,温度保持在 11～14 ℃,相对湿度保持在 85%～96%,适度通风换气,通风时间也可短一些。贮藏中切忌翻动。

(3) 注意环节

① 贮藏前要将窖清扫干净后再进行消毒。②入窖的甘薯要严格去除带病、冻害、破伤严重的薯块。③窖内要留出一定的空间,贮藏量不超过贮藏库空间的 2/3。④薯堆中间要留有通气孔,防止温度过高。

4. 目前烟薯 25 加工产品有什么? 有何优势?

烟薯 25 适合加工冰烤红薯、地瓜干、薯脯、脆片、甘薯酒、饮料、冰激凌等,加工出的都是最顶端、品质最优、市场接受度较高的产品。特别是冰烤薯,短时间烤制后,口味跟刚烤出来基本没有变化,用其作为原料生产的饮料可以做到不添加色素、不添加蔗糖、不添加防腐剂。

5. 怎样栽插烟薯 25 薯苗，收获时薯型可美观漂亮且商品性好？

一是选择土质疏松的土壤；二是深耕土地，创造疏松的土壤环境；三是覆盖地膜，使土壤保持疏松的环境；四是选择健康壮苗，保证苗全苗旺；五是尽量平栽，如果采取斜插应适当增加密度。

6. 如何正确选择烟薯 25 脱毒薯苗？

由于烟粉虱喜欢吸食烟薯 25 的茎叶，因此病毒病相对较重，必须推广脱毒薯苗。

烟薯 25 未脱毒苗出现了明显种性退化，干物率提高、甜度下降、薯肉颜色变浅、产量降低；脱毒烟薯 25 甘薯苗结出的薯块，薯肉金黄偏红，干物率适中，口味较好。

7. 烟薯 25 突出的优点是什么？

① 可溶性糖含量高，在国家区域试验中位居首位，食味甜。

② 果糖含量高，是其他品种的 2～5 倍，口感甜而不腻。

③ 黏液蛋白含量高，比其他品种高 20％以上，流油多而香味浓。

④ 胡萝卜素含量适中，蒸煮后呈金黄色，肉色美观漂亮。

⑤ 蒸烤容易熟透，食后不容易引起返酸水、腹胀等现象。

⑥ 鲜薯产量高，种植效益高。

⑦ 抗根腐病和黑斑病。

⑧ 加工品质好，是目前烤薯首选品种，还适合加工成地瓜干、薯脯、甘薯脆片、冰激凌、酒类等。

参 考 文 献

陈井旺，孙红男，木泰华，2021. 我国粉条粉丝加工行业发展现状及政策建议 [J]. 粮食加工，46（6）：59-68.

陈香艳，2018. 鲜食型甘薯烟薯 25 的引种及无公害高产栽培技术 [J]. 粮食作物（5）：231-233.

戴起伟，钮福祥，孙健，等，2015. 我国甘薯加工产业发展概况与趋势分析 [J]. 农业工程技术（12）：27-31.

戴起伟，钮福祥，孙健，等，2016. 中国甘薯加工产业发展现状与趋势分析 [J]. 农业展望（4）：农业生产展望篇.

戴起伟，钮福祥，孙健，等，2016. 中国甘薯加工企业发展现状、特点和趋势 [J]. 农业展望（6）：农业生产展望篇.

郭其茂，杨立明，何胜生，等，2005. 特色甘薯新品种：龙薯 9 号 [J]. 杂粮作物，25（2）：89.

何雨霏，2021. 甘薯高产栽培技术 [J]. 乡村科技 6（上）：66-67.

后猛，张允刚，刘亚菊，等，2020. 优质鲜食及加工型甘薯新品种徐紫薯 8 号生产力及特性鉴定 [J]. 西南农业学报，33（1）：21-25.

李爱贤，董顺旭，侯夫云，等，2017. 优质鲜食甘薯济薯 26 的三项关键配套技术研究 [J]. 山东农业科学，49（2）：89-92.

李坤培，张启堂，2019. 甘薯生物学 [M]. 重庆：西南师范大学出版社.

李启辉，2021. 甘薯安全贮藏的影响因素及调控技术研究 [J]. 农业科技与装备（9）：71-72.

刘阳，廖卢艳，傅亚平，等，2016. 变温压差膨化干燥法制备紫薯生全粉研究 [J]. 食品与机械，32（2）：149-214.

陆建珍，汪翔，秦建军，等，2018. 我国甘薯种植业发展状况调查报告（2017 年）：基于国家甘薯产业技术体系产业经济固定观察点数据的分析 [J]. 江苏农业科学，46（23）：393-398.

陆建珍，徐雪高，汪翔，等，2020. 中国紫甘薯产业发展分析 [J]. 农业展望

（8）：81 - 89.

罗维禄，2012. 优质甘薯广薯 87 品种特性及其高产栽培农艺措施 [J]. 福建农业学报，27（2）：135 - 140.

马代夫，2019. 中国甘薯产业技术创新与发展 [M]. 北京：中国农业出版社.

马代夫，谢逸萍，李洪民，等，2003. 高淀粉甘薯新品种徐薯 22 的选育与栽培要点 [J]. 江苏农业科学，（6）：47 - 48.

马剑凤，程金花，汪洁，等，2012. 国内外甘薯产业发展概况 [J]. 江苏农业科学，40（12）：1 - 5.

马梦梅，木泰华，孙红男，2020. 营养健康型薯类食品加工与副产物高值化利用研发进展 [J]. 食品安全质量检测学报，24（12）：9154 - 9163.

渠琛玲，玉崧成，付雷，2010. 甘薯的营养保健及其加工现状 [J]. 农产品加工（10）：74 - 76，79.

全国农业技术推广中心，国家甘薯产业技术研发中心，2021. 甘薯主要病虫害防治手册 [M]. 北京：中国农业出版社.

石晓昀，刘明慧，杨武娟，等，2020. 甘薯可降解地膜覆盖栽培技术研究进展 [J]. 中国种业（11）25 - 27.

孙书军，周志林，张安，等，2020. 影响甘薯种薯安全贮藏的主要因素及防控技术 [J]. 农业开发与装备（6）：191 - 193.

唐洪杰，徐玉恒，刘德友，等，2018. 山东省甘薯产业发展中存在的问题及解决措施 [J]. 农业科技通讯（2）：12 - 13.

王家才，杨爱梅，2008. 甘薯新品种商薯 19 的选育与产业化模式 [J]. 中国种业（12）：37.

王建玲，林祖军，辛国胜，等，2011. 不同用途的甘薯栽培方式综述 [J]. 作物杂志（3）：104 - 107.

王晓军，赵琳，石江，等，2021. 甘薯采后贮藏保鲜及抑芽技术研究进展 [J]. 浙江农业科学，62（1）：133 - 138.

王欣，李强，曹清河，等，2021. 中国甘薯产业和种业发展现状与未来展望 [J]. 中国农业科学，54（3）：483 - 492.

望宇洪，杨新笋，姚国新，等，2011. 菜用甘薯的特征特性与研究现状 [J]. 湖北农业科学，50（10）：2028 - 2030.

吴卓生，冯顺洪，吴春莲，等，2012. 甘薯新品种普薯 32 号的选育及丰产栽培要点 [J]. 粮食作物（10）：125 - 127.

谢一芝，郭小丁，贾赵东，等，2012. 食用甘薯新品种苏薯 16 号的选育及栽培技术〔J〕. 江苏农业科学，40（7）：104-105.

辛国胜，韩俊杰，商丽丽，等，2016. 优质高产甘薯新品种"烟紫薯 3 号"选育及紫薯食用品质相关性状分析研究〔J〕. 江西农业学报，28（3）：24-28.

辛国胜，林祖军，韩俊杰，等，2015. 优质高产甘薯新品种"烟薯 25"选育及高产生理研究〔J〕. 上海农业学报，31（4）：119-124.

辛国胜，邱鹏飞，贾礼聪，等，2019. 优质高淀粉型甘薯品种烟薯 29 号选育及品质特征和栽培要点〔J〕. 江苏师范大学学报（自然科学版），37（3）：48-50.

徐梦瑶，赵祥颖，张立鹤，等，2017. 甘薯的营养价值及保健作用〔J〕. 中国果菜，37（5）：17-21，47.

薛冬蕊，刘瑞涵，张鑫，2019. 中国甘薯出口的贸易结构分析〔J〕. 北京农学院学报，34（4）：108-112.

严伟，张文毅，胡敏娟，等，2018. 国内外甘薯种植机械化研究现状及展望〔J〕. 中国农机化学报，39（2）：12-16.

张立明，汪宝卿，2015. 甘薯高产高效栽培十大关键技术〔M〕. 北京：中国农业科学技术出版社.

张立明，王庆美，张海燕，2015. 山东甘薯资源与品种〔M〕. 北京：中国农业科学技术出版社.

张自由，2021. 鲜食红薯品种：西瓜红特征特性及标准化栽培技术〔J〕. 基层农技推广（1）：121-122.

彩图 1　烤薯品种烟薯 25

彩图 2　兼用品种烟薯 26

彩图 3　食用品种烟薯 28

彩图 4　淀粉品种烟薯 29

彩图 5　食用品种烟紫薯 3 号

彩图 6　兼用品种烟紫薯 4 号

彩图 7 "一刀切"甘薯茎尖剥离技术脱毒成苗

彩图 8 连栋温室育苗

a.起垄、施肥、覆膜

b.用专利"平栽插苗棒"插苗

彩图 9 轻简化覆膜栽培技术

彩图 10 半地下窖贮藏

彩图 11 冷风库贮藏

彩图 12　烟薯 25 获奖

彩图 13　烟薯 25 烤薯

彩图 14　烟薯 25 薯干

彩图 15　烟薯 25 冰烤薯

彩图 16　以烟薯 25 为原料制成的薯蜜

彩图 17　以烟薯 25 为原料制成的饮料

彩图 18　以烟薯 25 为原料制成的白酒

彩图 19　以烟薯 25 为原料制成的黄酒

彩图 20　以烟薯 25 为原料制成的膳食纤维粉

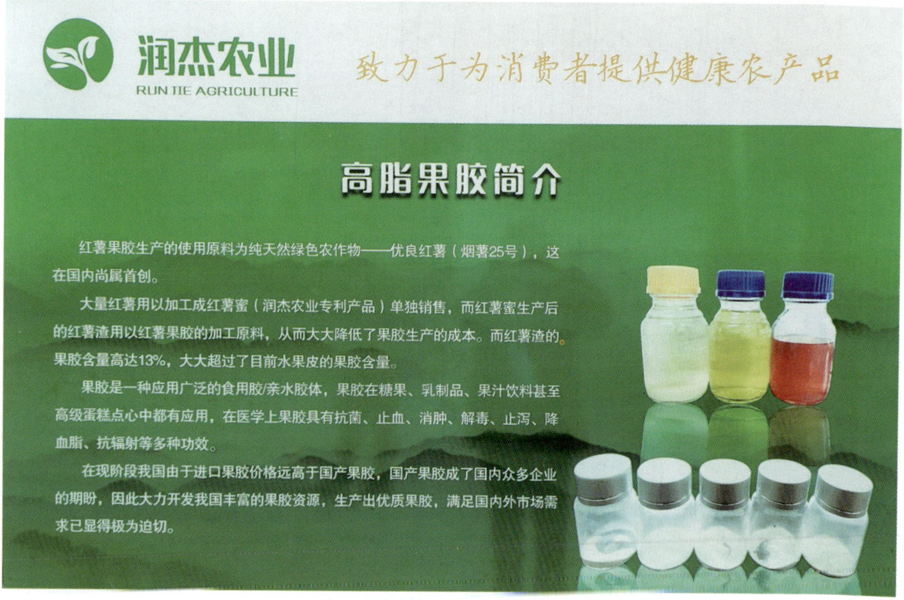

彩图 21　以烟薯 25 为原料制成的果胶